臨床心理学 21-2（通巻122号）

［特集］アサーションをはじめよう——コ ションの多元的世界へ

1 ［総論］あたらしいアサーションをはじめよう

アサーションの多元的世界へ ……………………………………………………三田村仰 147

2 ［技法編］各技法から見たコミュニケーションのコツ

自分の気持ちがわからない……——エモーション・フォーカスト・セラピー（EFT）……………… 岩壁 茂 157
大切な人とのアサーティブな関係を築く——カップル・セラピー…………………………… 野末武義 164
コミュニケーションの困難に対するエクスポージャー療法……………………田中恒彦・倉重 乾 170
ACT Matrixから機能的アサーションを見極める——ダイアグラムを用いて…………………… 茂本由紀 177
普段使いの機能的アサーション——パートナーへの家事・育児の引き継ぎを例に ……………三田村仰 185
コミュニケーションの発想を広げる——行動分析学 ……………………………………田中善大 190
相手とのちょうどいい距離感を掴む——ディスコース・ポライトネス理論（DP理論）…………… 宇佐美まゆみ 196

3 ［展開編］ひらかれたアサーション

「本当の思い」は隠されている？——自閉スペクトラム症の女性のカモフラージュ ……………… 砂川芽吹 203
HSP（Highly Sensitive Person）の考え方——対人社会的環境という視点からの考察 ………… 飯村周平 209
カミングアウト・パッシング・アサーション——LGBTQ ………………………………… 石丸径一郎 216
斜面の下に埋まっているもの——権力関係を背景としたコミュニケーションの不成立過程 ………… 西井 開 221

連 載
治療は文化である ［責任編集＝森岡正芳］
　第2回「文化×物語＝社会」
　　　　　　　　　江口重幸・東畑開人 231

リレー連載
臨床心理学・最新研究レポート シーズン3
　第27回「成人を対象とした（頭痛を除く）慢性疼痛マ
　ネジメントのための心理療法（レビュー）」
　　　　　　　　　岩佐和典 244

主題と変奏——臨床便り
　第48回「音楽と慰め」
　　　　　　　　　光平有希 249

書 評 251

● S・ムーリーほか 著『認知行動療法における治療関係——
　セラピーを効果的に展開するための基本的態度と応答技
　術』（評者：毛利伊吹）
● ズビグニェフ・コトヴィッチ 著『R.D. レインと反精神医学の
　道』（評者：村澤和多里）
● 細澤 仁ほか 編『実践に学ぶ30分カウンセリング——多職
　種で考える短時間臨床』（評者：岩倉 拓）
● 田中新正ほか 編著『催眠心理面接法』（評者：前田重治）
● 津川律子 著『改訂増補 精神科臨床における心理アセスメ
　ント入門』（評者：東 斉彰）
● ハロルド・スチュワート 著『精神分析における心的経験と技
　法問題』（評者：加茂聡子）

次号予告 227 ／実践研究論文の投稿のお誘い 229 ／投稿規定
257 ／編集後記 258

第24回（2021年度）森田療法セミナー開催のお知らせ 184

好評既刊

Ψ金剛出版　〒112-0005　東京都文京区水道1-5-16　Tel. 03-3815-6661　Fax. 03-3818-6848
e-mail eigyo@kongoshuppan.co.jp　URL https://www.kongoshuppan.co.jp/

はじめてまなぶ行動療法

[著] 三田村仰

行動科学研究から臨床応用まで，心理臨床の歴史そのものと呼ぶにふさわし
いほど長い歴史と蓄積をもつ行動療法。「パブロフの犬」の実験から認知行
動療法，臨床行動分析，DBT，ACT，マインドフルネスまで，行動療法の
基礎と最新のムーブメントをていねいに解説する研究者・実践家必読の行動
療法入門ガイド。第1章から順にやさしく読める文体で，基礎知識だけでな
く行動療法臨床のエピソードも織り交ぜて解説。重要概念を整理した巻末付
録「用語解説・定義」や研究論文の文献も紹介しながらさらなる学びにつな
げるためのヒントも豊富に盛り込んでいる。はじめて読んでもよくわかる，
行動療法の歴史・原理・応用・哲学を学べる教科書。　　　本体3,200円＋税

カウンセリングテクニック入門
プロカウンセラーの技法30

[編] 岩壁 茂

聴く＝傾聴，観る＝観察，見立てる＝アセスメントなどカウンセリングの基
礎となる6つのベーシックモード，臨床の正否を分かつ戦略的な24のコアテ
クニックで，実践に使えるカウンセリングテクニックを身につけよう！　選
択基準は，学派・理論の別を問わず臨床領域において求められるスタンダー
ドスキルであること。1つのテクニックを巡っては，①「テクニックの概
要」，②「テクニックの解説」③「ケーススタディ」という3ステップでテ
ンポよく解説する。初学者にもわかりやすい解説を試みた，実践本位・公認
心理師時代のためのプロフェッショナル・ガイド！　　　本体2,800円＋税

言語と行動の心理学
行動分析学をまなぶ

[編著] 谷 晋二

わたしたちは言葉や行動をどうやって学んできたのか？――言葉は感情・行
動・思考に大きな影響を与えていて，言葉がなければ感じることも考えるこ
ともむずかしい。にもかかわらず，言葉はまるで空気のように生活に浸透し
ていて，言葉を定義するのはもっとむずかしい。行動分析学，機能的文脈主
義，関係フレーム理論，そしてACT（アクセプタンス＆コミットメント・
セラピー）が，この難問に答えを与えてくれる。ありふれた日々の出来事，
カウンセリング現場，そして働くことを題材に，謎がいっぱいの「言語」と
「行動」をまなぶ。　　　　　　　　　　　　　　　　　　本体2,800円＋税

● [特集] アサーションをはじめよう——コミュニケーションの多元的世界へ

アサーションの多元的世界へ

三田村仰 Takashi Mitamura

立命館大学総合心理学部／個人開業

アサーション（assertiveness）とは，自分も相手も尊重するコミュニケーションである。臨床心理学およびカウンセリング場面でのクライエントにおけるアサーションの重要性は言うに及ばない。たとえば，Holtforth & Grawe（2002）では，心理療法クリニックの388名分のケース記録を分析した結果，74.5%において対人関係に関わるカテゴリが目標として設定されており，そのトップは「アサーション」であった。また，WHOは心理社会的スキルとして「ライフスキル」の概念を提唱しており，そのなかにはアサーションの発想が深く組み込まれている（WHO, 1994）。一方，アサーションという概念についてはその課題も指摘されて久しい（e.g., Linehan & Egan, 1979；三田村・松見，2010a, b；Wilson & Gallois, 1998）。アサーションが生まれてからおよそ三四半世紀（75年），日本に導入されてから40年が経った。変わりゆく時代のなかでアサーションが有効でありつづけるためには，アサーションにはその核となる役割（機能）を保ちながらも，変化が求められている。本稿の構成は以下の通りである。なお，それぞれの副題部分は，本稿で読者にアサーションの多元的世界を感じてもらうための，各項における目的を示している。

アサーションの歴史はいかにしてオルタナティブを必要とし，それは一体どういったアサーションであるのだろうか？　そして，複数のアサーションはいかにして共存可能なのであろうか？　本稿ではアサーションの歴史と課題を紐解きながら，機能的アサーションという新たな選択肢を紹介する。そして，最終的に複数のアサーションを共存させるアサーションの多元モデルを提示する。

Ⅰ　アサーションの歴史 ——その誕生と発展の概観

1　エビデンス・ベースとしてのアサーション・トレーニングの誕生と発展

アサーションの起源は，1949年に出版されたAndrew Salterの『条件反射療法（Conditioned

Reflex Therapy)』にある。Salter は，本来的に人は活動的（excitatory）であるが，多くの人は子ども時代に受けたしつけなどの学習により過度に抑制的（inhibitory）になっているとして，主張行動（アサーション）の必要性を説いた（Salter, 1949/2000 [p.17]）。その10年後，Wolpe（1958）は，アサーションを高めるためのトレーニング，アサーション・トレーニング（assertiveness training：AT）を開発した。Salter の考えを継承した Wolpe による「アサーション（主張反応／assertive response）」の位置づけは，神経症における不安症状に拮抗する怒りの反応であった。つまり，正当な怒りの表出としてのアサーションが神経症の不安などの症状を和らげると考えたといえる（Wolpe & Lazarus, 1966）。

　AT は，1970年代から1980年代にかけて，行動療法においても最も注目を浴び研究された技法のひとつである（三田村，2008）。AT は行動療法の発展と共に発展し，厳密な動物実験に由来する第1世代の行動療法，認知モデルを取り入れた第2世代の行動療法（認知・行動療法），そして，マインドフルネスやアクセプタンス，感情を避けるのではなく体験すること（岩壁，2021）などを鍵とした第3世代の行動療法（茂本，2021）へと発展していった。1990年代以降は，社会的スキルの下位項目と見做されたり，介入パッケージの一部に組み込まれることが一般的になり，AT 単独での研究はあまりみられなくなったものの，現在 AT は，「診断横断的で，エビデンスに支えられた独立した介入法」として高く評価されている（Speed, Goldstein & Goldfried, 2018）。

2　アサーションと社会——第2波フェミニズム

　アサーションの発展を理解するうえでは人権運動の歴史を知ることが大切である。1950年代から1960年代にかけて，米国ではアフリカ系アメリカ人を中心とする公民権運動が起こり，公民権法が制定された。1970年代には第2波フェミニズムが起こり，国際連合によって1975年が「国際女性年」として宣言された。こうした人権運動および第2波フェミニズムを背景にアサーションは社会的な注目を集め，「アサーションは，たんにうまくいかない自己表現や対人関係のための個人的な治療法というだけではなく，広く人間の価値や平等に対する考え方として，また，差別などの人権問題にかかわるときの有効な対応法として認識されて」（平木，1993 [p.53]）いった。当時米国でベストセラーとなった Alberti & Emmons（1970）のアサーションについての一般向け書籍，『あなたの完全なる権利（Your Perfect Right）』というタイトルもアサーションと人権との強い結び付きを象徴している。学術的な領域でも，米国の女性の行動療法家（e.g., Jakubowski-Spector, 1973；Linehan & Egan, 1979）たちの活躍によりアサーションが熱心に議論され，一般にも啓蒙されていったのである（Linehan, 1984）。

3　わが国での導入と展開

　AT には，大きくは行動主義の系譜と人間主義の系譜がある。わが国では1980年代に平木（1993）が「さわやかな自己表現」としてアサーションを紹介し，これによりアサーションは一般に広まった。AT においてはさまざまな技法を折衷するのが一般的であるが，とりわけ平木を筆頭にわが国で広まった AT には，人間主義的アプローチを土台として，認知行動療法の技法を含む種々の技法を取り入れているという特徴がある。

　またわが国での研究の現状として，AT についての研究数は，一般における「アサーション」の語の知名度とは対照的に限定的であり，特に実証研究の数は決して多くない。研究者によってはあえて「アサーション」という語を避け，「主張性」の語や社会的スキルの下位項目として扱っていることもあり（渡部，2006），結果的に，アサーションは実践や一般での知名度に比べ実証研究が少ないというアンバランスな状態にある[注1]。

II　率直型アサーション
──個人と社会との葛藤の可視化

1　主体性を目覚めさせるトレーニング

アサーションにはさまざまな異なった定義が存在するが，なかでも主流を成すのは「自他を尊重する率直な自己主張」（Alberti & Emmons, 1970；平木，1993；Lange & Jakubowski, 1976；森田，1998）といった，「率直さ（direct, honest）」（Lange & Jakubowski, 1976）を軸とした定義である。三田村・松見（2010a, b）は，こうしたアサーションの定義を便宜的に「率直型アサーション」と呼んでいる。率直の意味については，複数の捉え方があるが，直接的表現であること，謝罪や謙遜を含まないこと，正直であること，自らの権利のために立ち上がること（Jakubowski-Spector, 1973），などが挙げられる。

多くのアサーションの研究者や実践家は，本質的に，率直に自己主張することは率直でない自己主張よりも望ましいと考えてきた（Goldstein-Fodor & Epstein, 1983）。そこで，率直型アサーションに基づくAT では，率直な自己主張が参加者に教えられることとなる。その際，不十分な自己主張は「受け身的行動（submissive/unassertive）」，行きすぎた自己主張は「攻撃的行動（aggressive）」と呼ばれ，率直かつ適切な自己主張であるアサーションとは区別される。こうした，自己主張をしつつも相手に配慮する（攻撃でも受け身でもない）ことは，アサーションにおける極めて重要な特徴である。

2　互いの「権利」としてのアサーション

受け身的行動を取りがちな個人は，しばしば自分に自信がなく，相手を優先させてしまいがちである。そうした個人はそもそも「自分は自己主張する立場にない」と考えたり，自己主張することに罪悪感を抱いているかもしれない。そうした人々に適切な自己主張を促すべく，率直型AT においてはしばしば「アサーション権」（Smith,

1975）が参加者に教育される。アサーション権とは，自らの意見や考え，感情を率直に主張することは個人の権利であるとする理念で，すでに紹介した人権運動の流れとも深い関わりがある[注2]。さらに率直型AT では，相手がどう感じるかを気にしすぎて自己主張できない参加者たちに対し，しばしば，「相手がどう感じるかは相手の問題である」という発想を教える。この割り切った考え方は高い実用性を備えている。実際，相手の心情をこちらがコントロールすることは原則的に不可能であり，自分が責任およびその能力（responsibility）を持つのは，あくまでも自分自身の行動にある（菅沼，2017）。こうした発想をもとに勇気を持って自己主張することを促す方法は，対人不安にも有効性の実証されている認知・行動療法の技法（エクスポージャー，認知再構成法）とも関連している（田中・倉重，2021）。

一方で，アサーション権に基づいた自己表現は，結果的に相手の心情を害したり，周囲からは行きすぎて見えることもあるだろう。だとすれば，アサーションと攻撃的行動との違い，つまり，アサーションにおける「適切さ」とは何であろうか？ アサーションと攻撃的行動との線引き問題（三田村・松見，2010a, b）についてはかなりの議論があるが，もっともわかりやすく一貫性がある答えは，相手におけるアサーション権を認めること（平木，1993）であろう。つまり，この発想に基づけば，あくまでもこちらは自らの権利に基づき率直に自己主張をおこなうが，相手にも同じように自己主張をおこなうことを認めることによって，これは適切な自己主張，すなわちアサーションとな

注1）「アサーション」とほぼ同じ概念として，社会的スキルにおける「自己主張スキル」がある。これらの違いは，アサーションにおいては人権尊重といった価値観がより明示的であることにある。

注2）平木（1993）は「アサーションしない権利」という重要な権利を追加した。一方で，平木（1993）のアサーションでは，「アサーションでないが効果的なコミュニケーション」について代替案を具体化しておらず，機能的アサーション（三田村・松見，2010a, b）はこれを補完する役割を持っている。

る，と捉える。したがって，率直型アサーションの発想とは，互いが腹を割って対話するようなイメージに近いといえる。

3　「率直さ」を巡るジレンマとフェミニズム

英語圏でのアサーションについての注目は1980年代後半をピークとして，以降，下火に転じる。すでに述べたように，社会がアサーションに注目した背景には第2波フェミニズムの存在があった。しかし，1980年代に入るとアンチフェミニズムへの揺り戻し（バックラッシュ）の発生，そして1990年代以降には「フェミニズムの時代は終わった」とするポストフェミニズムのムードの蔓延も起こった（高橋，2020）。振り返ると，第2波フェミニズムが目指したのは，女性も男性と同等の権利を獲得することであり，率直型アサーションはそれを成し遂げるうえでの力強い方略であったと考えられる。実際，率直型アサーションのモデルは，米国の中産階級の白人男性による自己表現にあると指摘されている（Rakos, 1991）。米国の中産階級の白人女性たちによる第2波フェミニズム（高橋，2020）の採った戦術は，ある意味で"女性的でなくなること"であった。結果的に，女性が率直型アサーティブに振る舞うことは，社会のレベルでは手にして然るべきであった権利の獲得を後押ししたものの，個人とその周囲のレベルで見た場合は，むしろ摩擦を生じさせるものでもあった（e.g., Wilson & Gallois, 1998）注3）。つまり，率直型アサーションもしくは第2波フェミニズム運動は，既存の社会からの抑圧に屈せず，社会の変革を促す活動といった意味合いを持っていたのである。そうした背景を元に，1990年代以降の女性社会において，少なくとも英米圏では，率直型アサーションの役割は大きく見直されることとなったものと推察される。

注3）こうしたアサーションの持つネガティブな効果については英語圏ではかなりの数の指摘があるにもかかわらず，わが国ではほとんど触れられていない。

III　ひろがるアサーション ——文化的多様性の再確認

1　文化とコミュニケーション

人類学者 Edward T Hall は「コミュニケーションは文化であり，文化はコミュニケーションである」（Hall, 1959）という言葉を残した。コミュニケーションと文化を切り離して考えることはできない。アサーションとは，その文化が創り出す理想のコミュニケーションについてのモデルであるといえるだろう。意味を創り出す背景としての文化（Gottman & Gottman, 2017）が異なれば理想のコミュニケーション（すなわちアサーションの定義）の在り方は自ずと異なってくる。文化とコミュニケーションに関しては非常に多くの研究が存在するが，とりわけアサーションに関しては，それが米国由来である点を理解しておくことは重要である。たとえば，米国流のアサーションは，同じ英語圏の英国においてさえそのままの転用は齟齬を生み出すことが指摘されている（Rees & Graham, 1991）。日米の文化の違いはさまざまな形で概念化されているが（例：高／低文脈文化，相互協調的／独立的自己観），日本文化における自己主張やアサーションについての議論はいくつもある（e.g., 伊藤，2001；李，2018；玉瀬・岩室，2004）。たとえば，日本人に特徴的なコミュニケーション方略は「他者へ配慮」「察する」「悟らせる」「あいまいに包み隠す」などと形容されている（李，2018）。同時に，同じ日本文化のなかにあっても，個々の文化的傾向の強さ（三田村，2013）や育った環境やその他の要因によって，それぞれの文化とコミュニケーションの在り方は異なっている。

2　インターセクショナリティと異文化間コミュニケーション

第2波以降のフェミニズムは，現在，インターセクショナリティの方向へと発展している（藤高，2020）。インターセクショナリティとは，フェミニズムという人権擁護の発想を，単にある限定

的な「女性」のためにおこなうのではなく，ジェンダー，性別，性的指向性，社会階級，人種，文化，能力，身体的特徴といった個々人の置かれた複数の特性の組み合わせのなかで生きる多様な人々（本特集：自閉スペクトラム症の女性（砂川，2021），感受性の違い（飯村，2021），LGBTQ（石丸，2021），権力関係を背景としたコミュニケーションの不成立（西井，2021））の権利擁護へと拡張する概念である。言い方を換えれば，特定の文化圏の住人のみを擁護するのではなく，文化の多様性を認めたうえで，複数の文化の交差点に住う人々の声を拾い上げる試みだといえるだろう。それぞれの文化圏の住人が抱える苦悩や自己表現の在り方は実にさまざまでありえるのだ。

　こうした動きとアサーションとを照らし合わせるなら，アサーションの目的やそのための表現形もまた多様であるべきことが理解できる。夫婦関係（野末，2021）の実証研究で知られる Gottman & Gottman（2017）は「すべての夫婦関係は異文化体験である」と述べている。その意味で，コミュニケーションとは常にある程度の異文化コミュニケーションであるといえるだろう。それでは，多様な文化（個人）のなかにあって，アサーションの理論はいかに多様なコミュニケーションの在り方を保証できるだろうか？

IV　機能的アサーション
——オルタナティブの提案

1　改めて，アサーションとは何なのか？

　すでに述べたようにアサーションの捉え方は実にさまざまであるが，いずれであってもアサーションは攻撃的行動でも受け身的行動でもないコミュニケーションとして概念化される。つまり，アサーションとは広く「自他を尊重したコミュニケーション」と捉えることができる（三田村・松見，2010a）。アサーションの定義に多様性が生まれるのは，実践家や理論ごとに，①「他者の尊重（適切性）」の基準（アサーションと攻撃的行動との区切り方）と，②「自らの尊重」の基準（ア

サーションと受け身的行動との区切り方）が多様であるためである（三田村・松見，2010a）。たとえば，率直型アサーションにおいては，①他者の尊重（適切性）の基準のひとつは「相手のアサーション権を認めるかどうか」にあり，②「自らの尊重」の基準は「率直に自己表現できているかどうか」にあると捉えることができ，同じ率直型アサーションのなかでもこの区切り方が異なれば異なったアサーションの定義が創られることになる。ここで注意すべき点として，どこでどのように区切るかはあくまでも恣意的なのであって，この世に"正しいアサーション（ある特定の価値観）"というものがあらかじめ（ア・プリオリに）存在すると捉えるべきではない，ということがある（図1）。文化や人によってこの区切り方は異なり，すなわちアサーションは，いかようにでも定義される余地を有しているのである（三田村・松見，2010a）[注4・5]。

2　日常のコミュニケーションからみた他者の尊重（適切性）の基準

　率直型アサーションにおける他者の尊重（適切性）の基準のひとつは，相手のアサーションの権利を認めることであった。しかし，この基準は，私たちの日常感覚からすると，いくらかズレがあるかもしれない。社会学者・社会心理学者である Goffman（1967）によれば，人々が円滑なコミュニケーションをおこなうとき，そこには互いの持つ「基本的な対人欲求（face）」への配慮がある。社会言語学者・心理言語学者である Brown & Levinson（1978）は Goffman の理論を発展させ，人には，他者から適度な距離を置いてもらい

注4）AT に限らず，すべての介入法にはその立ち位置となる世界観もしくは価値の体系が存在する。支援者は，ある介入をクライエントに提供するとき，こちら側の価値観の押し付けをおこなっている可能性に常に自覚的であるべきである。

注5）区切り方が恣意的であるということに関して，これはたとえば，性別，価値観，といったものにまで広く当てはまることを意識されたい。

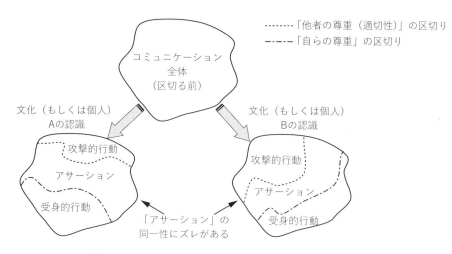

図1　恣意的な区切りによるアサーションの多様性

たいというネガティブ・フェイスと，反対に，他者から適度に距離を近づけてもらいたいというポジティブ・フェイス，この2つの基本的な対人欲求があるとした。実際，Brown & Levinson（1978）のおこなった調査では，幅広い文化に共通して，人が他者のポジティブおよびネガティブ・フェイスに配慮して，発話の仕方を系統的に変化させることが示されている。たとえば，人は，依頼をする際，相手における心理的負担が大きくなるほど，より間接的で冗長な発話をすることで配慮を示す。反対に，人は，親しい相手にはあえて無礼にみえるような発話によって親しみを示す場合もある。つまり，日常のコミュニケーションという文脈からいえば，聞き手のフェイスに配慮することが適切性の基準であると考えることができる。さらに，宇佐美（2021）は，Brown & Levinson（1978）の文化普遍的な理論をさらにダイナミックに発展させる理論を展開している。その理論の特徴のひとつとして挙げられるのが，話し手自身のフェイスを勘案したうえでの"聞き手視点からのフェイス"への着目である。話し手が考える聞き手への配慮と，実際に聞き手が配慮されたと感じる話し手からの働きかけは必ずしも一致しない。そうであれば，アサーションにおける他者の

尊重（適切性）の基準として，日常の文脈でより妥当なのは，（話し手自身のフェイスを勘案したうえでの）聞き手からみた適切さ（「語用論的配慮」／ Mitamura, 2018；三田村・松見，2010b）の程度といえそうである。

3　機能的アサーション

　アサーションの起源であり，かつ実証研究をもっとも精力的におこなってきた認知・行動療法においては，現在，アサーションはその表現形態ではなく，その機能で捉えるべきとされている（Linehan & Egan, 1979；三田村，2008, 2017）。この流れを引き継ぎ，三田村・松見（2010b）は，従来，アサーションの特徴であるとされてきた「自己主張における率直さ」という表現形態に縛られない新たなアサーションとして「機能的アサーション（functional assertiveness）」を提唱している。機能的アサーションは行動分析学（三田村，2017；田中，2021）と社会言語学（宇佐美，2021）に基づく概念であり，機能的アサーションの理論においては，すべてのコミュニケーションはその文脈次第でアサーションにも攻撃的行動にも受け身的行動にもなりうる連続体であると捉える（Mitamura, 2018）。そのうえで，機能的アサー

ションにおいては，①自らの尊重とは，自らの人生において大切だと考える方向性（「価値」と呼ばれる（三田村，2017；茂本，2021））に沿って，目標を設定し，その目標を効果的に達成（課題達成）しようとする態度にあると考える。また，②他者の尊重（適切性）とは，相手にとってできるだけ適切と受け取られるようなコミュニケーション（既述の「語用論的配慮」）をおこなおうとする態度であると考える。機能的アサーションとは，結果的にこの2つの目標（機能）をもっとも高めるようなコミュニケーションを指している。

　機能的アサーションは，アサーションの表現形態に拘らないというその特徴から，コミュニケーションの自由度を空間的にも時間的にも飛躍的に広げる。実際，機能的アサーションに基づくATは，これまでアサーションが困難とされていた領域においても，その有効性が示唆されている（発達障害児の保護者向けトレーニング／三田村・松見，2009）。なお，紙幅の都合上，機能的アサーションについての具体例は三田村（2021）に譲りたい。

V　アサーションの多元モデル
──理論と哲学の「ツール」化

1　関心に沿ったアサーション理論の選択・生成

　機能的アサーションは，その目標設定と表現形態の柔軟性から，実質的にはほとんど率直型アサーションと同じような機能と表現形態を持たせることも可能である。そのため，機能的アサーションは，率直な表現とそれ以外の表現を統合したアサーション，もしくは率直型アサーションを包括したアサーションであるようにもみえる。しかし厳密には，双方は異なった世界観・認識論に支えられるものであり，必ずしも一方が他方を包括するような関係にあるわけではない。率直型アサーションが第2波フェミニズムに代表される「基本的人権の擁護」をモチーフとする理想追求型であるのに対し，機能的アサーションは「人と人との円滑な会話」をモチーフとする実用性重視型（プラグマティズム（pragmatism）であり，語用論

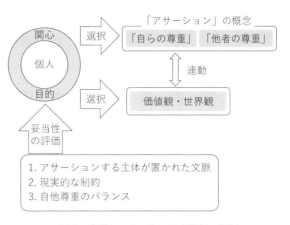

図2　多様なアサーションの選択・評価
（三田村・松見（2010a）の図 II-5-2「『関心相関的アサーション』の構成と評価」（p.183）を大幅に改変して作成）

（pragmatics）である／三田村・松見，2010a）であるといった違いも含め，双方は，世界観・認識論のレベルを含めたさまざまな側面で異なっている（表を参照）。

　すでに述べてきたように，アサーションには多様なニーズがある。アサーション権に基づく率直な自己主張がおこなえるようになるべき人もいれば，すべての人がすべてのコミュニケーションにおいて，エンパワメントや自尊心の向上（率直型アサーションの目的）を求めるわけではなく，単に対人葛藤の解消を目的とする場合もある（三田村・松見，2010a）。そこで，多元主義的な観点（Cooper & Mcleod, 2010；三田村，近刊；斎藤，2018）からは，それぞれの状況でそれぞれの人にとってのより良いアサーションの捉え方と理念が存在すると考える（菅沼，2017；三田村・松見，2010a）。三田村・松見（2010a）は，構造構成主義（西條，2005）というメタ理論を土台として，多様なアサーションのなかから，人（実践家，クライエントなど）が，その都度，最適なアサーションを選び出すための「アサーションの多元モデル」[注6]

注6）出典である三田村・松見（2010a）では「関心相関的アサーション」と呼ばれている。

表　率直型アサーションと機能的アサーションおよびアサーションの多元モデルにおける視座の相違

	率直型アサーション	機能的アサーション	アサーションの多元モデル
モチーフ	基本的人権（主に言論の自由）の擁護もしくはエンパワメント（empowerment）	人と人との円滑な対話	目的に応じて，さまざまなアサーションを柔軟に活用するための原理
アサーションの意味	人間の生き方（それ自体が目的の一部）	人間が生きるうえでの道具（目的のための手段）	関心相関的に構成された構造で，率直型アサーションと機能的アサーションの双方を含み，かつそれ以外のさまざまなアサーション（未知のものまで）も包括する
「自己の尊重」の意味	自らが持つ基本的人権を自らで尊重すること率直に表現すること	自らの「価値」を道標に具体的な課題を設定し，その具体的な課題達成に向けた自己表現する一連のプロセス	
「他者の尊重（適切性）」の意味	他者の基本的人権を尊重しようとすること	聞き手が適切と受け取る自己表現をすること	
世界観・認識論	普遍的，理想主義的，自律的	文脈依存的，実利主義的	認識論的多元主義
本質の所在	主体の内側	主体と環境との相互作用	実践家・クライエントの関心
アサーションの機能	主体性の獲得，自他の権利の自覚と尊重，個人の自己実現	（聞き手にとっての適切性を最大限維持しての）個人が恣意的に選択した課題の達成	関心相関的にさまざまな機能を持ちうる
アサーション・トレーニングの主な対象	自己表現が苦手で自尊心の低い個人，格差の解消を必要とする個人	対人コミュニケーションを通して何かを獲得しようと希望する個人	「自他を尊重する自己表現」が有効と考えられる個人全般

※三田村・松見（2010a）の表II-5-1「率直型アサーションと機能的アサーションおよび関心相関的アサーションにおける視座の相違」（p.182）を一部修正して作成。

を提唱している。このモデルでは，人はそれぞれの関心や目的にあった「自らの尊重」と「他者の尊重」の意味を定めることができ，それと連動する形で，アサーションの価値観や世界観を定めることが可能である。なお，ここでの関心や目的とは，その人自身が何を求め，どうありたいのか（岩壁，2021；茂本，2021）というその人自身のニーズを意味している。また，アサーションの多元モデルでは，複数存在しうる関心・目的が競合した場合に生じる混乱を回避するため，関心・目的自体の妥当性の評価軸を設けている。それぞれの評価軸は，①アサーションする主体の置かれた文脈，②現実的な制約，③自他尊重のバランスである。アサーションの多元モデルは，何でもありの相対主義を避けつつも，アサーションの多元性を保証する，いわばアサーションの理論と哲学を「ツール」化するための装置である。

2　アサーションの多元モデルの使用例

　一例として，ある実践家の関心・目的が，"あるクライエントの自尊心を高めること"にあったとしよう。その際，このアサーションの多元モデルに基づいて，「①アサーションする主体の置かれた文脈」を検討すると，「クライエント自身，自分の対人関係への自信のなさに悩んでおり，一般的にみて主張すべき場面でも自分を押さえ込んでいる」といった状況が浮き彫りになるかもしれない。つまり，結果として，当該の関心・目的は"妥当"と評価されるかもしれない。一方，「②現実的な制約」を評価した際に，たとえば「クライエントは，曖昧さや場に合わせた柔軟な対応を苦手とし，字義的にアサーションを捉えがちである（例：アサーション権を根拠に，率直すぎる自己表現をおこない，職場や学校でトラブルを生じさせるリスクがある）」，さらに「対するカウンセラー側のスキルではこれに適切に対応することが

困難」ということが明確になるかもしれない。その場合は，当該の関心・目的には修正が求められるだろう。また「③自他尊重のバランス」という観点については，たとえば，電車内での性的被害に遭っている人物においては，あくまでも重要なのは被害に遭っている側からの明確で強い人権の主張であろう。このように，アサーションの多元モデルでは，アサーションに対するニーズと状況の多様性に由来するさまざまなアサーション概念の可能性を認め，同時に，その妥当性評価のための方法論を提供している。

VI　まとめ

　本稿では，アサーションについて，主流である率直型アサーションを中心に，その歴史と課題を概観した。そのうえで，アサーションの多様性について解説し，新たな選択肢のひとつとして機能的アサーションを紹介した。機能的アサーションはアサーションの柔軟性と応用可能性をこれまでになく拡大させる概念である。本稿では，最終的にさまざまなアサーションのなかから，そのとき，その人にとってもっとも適切なものを選択するアサーションの多元モデルを紹介した。アサーションの多元モデルは，多様な人々の多様なニーズ・状況に合わせて，最適なアサーションの在り方を柔軟に提供するうえで役立つだろう。アサーションの歴史は古いが，「自他を尊重したコミュニケーション」としてのアサーションの必要性は未だ色あせてはいない。さまざまな自他尊重の在り方を認めることで，アサーションはこれからも変わらず人々のより良い人生を支えることに資するだろう。

▶ 注記
本研究はJSPS科研費JP20K03427の助成を受けたものです。

▶ 文献

Alberti RE (1977) Comments on "Differentiating assertion and aggression : Some behavioral guidelines". Behavior Therapy 8-3 ; 353-354.
Alberti RE & Emmons ML (1970) Your Perfect Right. San Luis Obispo : Ca Impact.（菅沼憲治，ミラー・ハーシャル 訳 (2000) 自己主張トレーニング. 東京図書）
Brown P & Levinson SC (1978) Politeness : Some Universals in Language Usage. New York : Cambridge University Press.
Cooper M & McLeod J (2010) Pluralistic Counselling and Psychotherapy. New York : SAGE.（末武康弘，清水幹夫 監訳 (2015) 心理臨床への多元的アプローチ. 岩崎学術出版社）
藤高和輝 (2020) インターセクショナル・フェミニズムから／へ. 現代思想 2020 年 3 月臨時増刊号（総特集＝フェミニズムの現在）. 青土社，pp.34-47.
Galassi MD & Galassi JP (1978) Assertion : A critical review. Psychotherapy : Theory, Research and Practice 15-1 ; 16-29.
Goffman E (1967) Interacion Ritual : Essays on Face-to-face Behavior. New York : Pantheon Books.（浅野敏夫 訳 (2002) 儀礼としての相互行為—対面行動の社会学［新訳版］. 法政大学出版局）
Goldstein-Fodor I & Epstein RC (1983) Assertiveness training for women : Where are we failing?. In : EB Foa & PMG Emmelkamp (Eds) Failures in Behavior Therapy. New York : Wiley, pp.137-158.
Gottman J & Gottman J (2017) The natural principles of love. Journal of Family Theory & Review 9-1 ; 7-26.
Hall ET (1959) The Silent Language. New York : Doubleday.
平木典子 (1993) アサーショントレーニング—さわやかな「自己表現」のために. 日本・精神技術研究所.
Holtforth MG & Grawe K (2002) Bern inventory of treatment goals : Part 1. Development and first application of a taxonomy of treatment goal themes. Psychotherapy Research 12-1 ; 79-99.
飯村周平 (2021) HSP (Highly Sensitive Person) の考え方—対人社会的環境という視点からの考察. 臨床心理学 21-2 ; 209-215.
石丸径一郎 (2021) カミングアウト・パッシング・アサーション—LGBTQ. 臨床心理学 21-2 ; 216-220.
伊藤弥生 (2001) 日本におけるアサーション像の探索的研究—アサーション・トレーニング参加者の個別面接を土台に. 心理臨床学研究 19-4 ; 410-420.
岩壁茂 (2021) 自分の気持ちがわからない……—エモーション・フォーカスト・セラピー (EFT). 臨床心理学 21-2 ; 157-163.
Jakubowski-Spector P (1973) Facilitating the growth of women through assertive training. Counseling Psychologist 4-1 ; 75-86.
Lange AJ & Jakubowski P (1976) Responsible Assertive Behaviour : Cognitive Behavioral Procedures for Trainers. IL : Research Press.

李盛熱（2018）日本人のアサーションにおける熟慮的自己表現．金城学院大学大学院人間生活学研究科論集 18；25-34.

Linehan MM（1984）Interpersonal effectiveness in assertive situations. In : EA Blechman（Ed）Behavior Modification with Women. New York : Guilford Press, pp.143-169.

Linehan MM & Egan KJ（1979）Assertion training for women. In : AS Bellack & M Hersen（Eds）Research and Practice in Social Skills Training. New York : Plenum, pp.237-271.

三田村仰（2008）行動療法におけるアサーション・トレーニング研究の歴史と課題．人文論究（関西学院大学人文学会）58-3；95-107.

三田村仰（2013）アサーションと文化的自己観，対人恐怖の関連—会話完成テストと質問紙法による相関研究．心理臨床科学 3；3-11.

三田村仰（2017）はじめてまなぶ行動療法．金剛出版．

Mitamura T（2018）Developing the functional assertiveness scale : Measuring dimensions of objective effectiveness and pragmatic politeness. Japanese Psychological Research 60-2；99-110.

三田村仰（2021）普段使いの機能的アサーション—パートナーへの家事・育児の引き継ぎを例に．臨床心理学 21-2；185-189.

三田村仰（近刊）ケースフォーミュレーション—学派を超えたアプローチ．In：臨床心理学スタンダード・テキスト．金剛出版．

三田村仰，松見淳子（2009）発達障害児の保護者向け機能的アサーション・トレーニング．行動療法研究 35-3；257-269.

三田村仰，松見淳子（2010a）アサーション（自他を尊重する自己表現）とは何か？—“さわやか”と“しなやか”，2つのアサーションの共通了解を求めて．構造構成主義研究 4；158-182.

三田村仰，松見淳子（2010b）相互作用としての機能的アサーション．パーソナリティ研究 18-3；220-232.

森田ゆり（1998）エンパワメントと人権—こころの力のみなもとへ．解放出版社．

西井開（2021）斜面の下に埋まっているもの—権力関係を背景としたコミュニケーションの不成立過程．臨床心理学 21-2；221-226.

野末武義（2021）大切な人とのアサーティブな関係を築く—カップル・セラピー．臨床心理学 21-2；164-169.

Rakos RF（1991）Assertive Behavior : Theory, Research and Training. London : Routledge.

Rees S & Graham RS（1991）Assertion Training : How to Be Who You Really Are. London : Routedge.（高山巌，吉牟田直考，吉牟田直 訳（1996）自己表現トレーニング—ありのままの自分を生きるために—岩崎学術出版社）

西條剛央（2005）構造構成主義とは何か—次世代人間科学の原理．北大路書房．

斎藤清二（2018）総合臨床心理学原論—サイエンスとアートの融合のために．北大路書房．

Salter A（1949/2000）Conditioned Reflex Therapy : The Classic Book on Assertiveness That Began Behavior Therapy（New Ed）. LA : Wellness Institute.

茂本由紀（2021）ACT Matrix から機能的アサーションを見極める—ダイアグラムを用いて．臨床心理学 21-2；177-184.

Smith MJ（1975）When I Say No, I Feel Guilty. New York : Bantam Books.

Speed BC, Goldstein BL & Goldfried MR（2018）Assertiveness training : A forgotten evidence-based treatment. Clinical Psychology Science and Practice 25-1. doi.org/10.1111/cpsp.12216

菅沼憲治（2017）増補改訂 セルフ・アサーション・トレーニング．東京図書．

砂川芽吹（2021）「本当の思い」は隠されている？—自閉スペクトラム症の女性のカモフラージュ．臨床心理学 21-2；203-208.

高橋幸（2020）フェミニズムはもういらない，と彼女は言うけれど—ポストフェミニズムと「女らしさ」のゆくえ．晃洋書房．

玉瀬耕治，岩室暖佳（2004）関係性の維持と個の主張に関わる問題—「甘え」とアサーションを指標として．奈良教育大学紀要 53-1；37-45.

田中恒彦，倉重乾（2021）コミュニケーションの困難に対するエクスポージャー療法．臨床心理学 21-2；170-176.

田中善大（2021）コミュニケーションの発想を広げる—行動分析学．臨床心理学 21-2；190-195.

宇佐美まゆみ（2021）相手とのちょうどいい距離感を掴む—ディスコース・ポライトネス理論（DP 理論）．臨床心理学 21-2；196-202.

渡部麻美（2006）主張性尺度研究における測定概念の問題—4 要件の視点から．教育心理学研究 54-3；420-433.

Wilson LK & Gallois C（1998）Assertion and Its Social Context. New York : Pergamon Press.

Wolpe J（1958）Psychotherapy by Reciprocal Inhibition. Palo Alto, CA : Stanford University Press.（金久卓也 監訳（1977）逆制止による心理療法．誠信書房）

Wolpe J & Lazarus AA（1966）Behavior Therapy Techniques. New York : Pergamon Press.

World Health Organization. Division of Mental Health（1994）Life skills education for children and adolescents in schools. Pt.1 : Introduction to life skills for psychosocial competence, Pt.2 : Guidelines to facilitate the development and implementation of life skills programmes（2nd rev ed）. Geneva : World Health Organization.

[特集] アサーションをはじめよう──コミュニケーションの多元的世界へ

自分の気持ちがわからない……

エモーション・フォーカスト・セラピー（EFT）

岩壁 茂 Shigeru Iwakabe

お茶の水女子大学

I　はじめに

　筆者は，エモーション・フォーカスト・セラピー（Emotion-Focused Therapy : EFT）（Greenberg, 2010）や加速化体験力動療法（Accelerated Experiential Dynamic Psychotherapy : AEDP）（Fosha, 2000）などを中心に，感情に焦点を当てた心理療法の実践や研究を行ってきた。そして，感情変容を促進する介入や考え方を他のアプローチから取り入れたり，組み合わせたりすることに関心をもってきた。自他を尊重し，感情・欲求を相手に伝えるコミュニケーション力を高めるアサーション訓練は，AEDPやEFTの考え方と矛盾することなく，相補的に使えるのではないかと考えてきた。また，心理療法の教育者として大学院生や他の臨床家を指導するなかで，エンカウンターグループ，フォーカシングとならんで，カウンセリング・心理療法における基本的人間観と体験に基づいた自己理解のために，そして効果的なコミュニケーションのあり方を学ぶために，必ず臨床訓練初期に受けてほしい研修だと思ってきた。

　アサーション訓練は，1960年代から発展と変遷を遂げてきた（三田村，2021；Speed et al.,

2018）。異なる目的に向けて，異なる理論アプローチの臨床家がその発展にかかわってきたため，アサーション訓練のあり方には多様性が見られる。同時に，数多くの心理療法に，介入モジュールとして取り入れられていることからも，心理療法統合において重要な意義をもっている（Wachtel, 1997）。ここでは感情焦点化の視点から，感情を自由に表現すること，欲求やニーズを相手にオープンに伝えること（Lazarus, 1971）というアサーションの側面について考えたい。

II　感情と欲求

　感情や欲求を他者に伝えることを学ぶのは，心理的健康や良好な対人関係の確立と維持に大きく貢献することは間違いないだろう。もし，自分の欲求を相手に伝えることができれば，相手から戻ってくる返答も的を射たものになりやすいはずである。しかし，私たちはいつも自身の気持ちや欲求に気づいているわけではない。むしろ，気づいていないことも多くある。たとえば，お腹が減ったと思って思わず，帰り道にコンビニでお菓子を買い込む。コンビニを後にしてふと足を止めると，そんなにお腹が減っているわけでもなく，ひとりぼっちのアパートに帰る寂しさを紛らわすために

お菓子を求めていたことに，ふと気づくかもしれない。

　また自分が相手に伝えたい気持ちや欲求がはっきりしないときや，徐々に明らかになっていくことも多くある。感情は個人と他者や環境の間で起こり，常に変化している。今起こりつつある感情がそのまま自分が表したい感情であることもあるが，それを自分のなかで消化して，他者にはその気持ちを伝えないままにしたいこともある。たとえば，交際相手と自分の誕生日に食事に出かける約束をしていたが，直前になって仕事で来られなくなってしまったとLINEのメッセージが届いたとしよう。「仕事のほうが私より重要なの？」と思わず怒りをぶつけてしまうかもしれない。動揺して，しばらく涙を流したあと，落ち着くと，彼と過ごせる数時間をとても楽しみにして，数週間がんばってきたことを思い出し，落胆と喪失感が湧いて，先ほどとは異なる涙が押し寄せてくるかもしれない。しばらくすると，自分に厳しいことを言われて動揺しながら仕事をしている彼の姿を想像して，思わずかっとなってしまったことに対する申し訳なさや，彼と会えない切なさが湧き起こってくるかもしれない。そして，今まで共有してきた大切な思い出を振り返り，彼を失うことを自分が心底恐れていると気づき，胸がしめつけられるような感覚を覚えるかもしれない。果たして，どの気持ちを彼に話したら良いのだろうか。どこまでを自分のなかに取っておいたら良いのだろうか。彼は仕事に忙殺されて，自分と話してそれをしっかりと受け取る余裕がないかもしれない。ただし，今言わなかったら，自分のなかで彼に対する申し訳なさや心苦しさが大きくなって，取り返しがつかないものになってしまうような気もする。このように感情を伝えるとしても，何をいつどのように伝えるのかという判断は簡単ではない。このような判断をするために一つずつ基準を学ぶとしたら，それはとてつもなく手がかかることだろう。

　感情を他者に伝える能力やスキルはとても役立つ。しかし，まず，伝えたい自分の感情に気づくこと，そして伝えたい感情や欲求を見分けられることができなければ，そのようなスキルを活かすことはできないだろう。それでは，どうやって感情を見分けて，それが伝えるべき感情であるか否かを判断したら良いのだろうか。

III　感情の分類

　EFTの概念や技法は，アサーション訓練に先立つ感情の気づきや理解をはじめとして，感情を伝えるまでの内的プロセスの理解に役立つ。EFTは，クライエントの感情を見分けて最適な感情変容を促進することを目的とする。クライエントが体験するのがどのような感情であっても，それをしっかりと受け取り，共感し，理解することは重要である。しかし，すべての感情が，同じように心理的適応を高めてくれるわけではない。人に伝えて対人関係を深めたり，自己効力感を強めることができる感情と，そのような力が弱い感情を見分ける必要がある。

　感情はその適応に対する機能から4つに分けられる（Greenberg et al., 1993；岩壁，2009）。まず，一次適応感情とは，現在の状況に対して直接的に，そして真っ先に起こる反応である。適応的である理由は，その感情が状況にふさわしく，その個人のニーズやそれを満たすのに適切な行動について教えてくれ，その行動を起こすように身体を準備してくれることにある。たとえば，適応的怒りは，他者が自分の境界を越えて入ってくるときに起こり，自分を守る行動に備えて心拍が高まり，全身に血液が回る。一次適応感情は，その状況にふさわしい強度で起こる。つまり，大きな衝撃を受ければそれだけ感情的に強く動かされることは自然である。一次適応感情に気づくことで対人的つながりを強め，自己肯定感を高め，状況をうまく対処するための行動を起こす方向性が示される。一次適応感情を体験すると「すっきりした」という開放感や緊張が解ける安堵感，「これが，自分の言いたかったことだ」と，自分の「真実」にふれ

た感覚がもたらされる。

　一次不適応感情は，虐待やネグレクトをはじめとしたトラウマの結果として，適応的であった感情反応が個人にとって役に立たないどころか，むしろ適応を阻害するような苦痛と回避行動を生み出すようになった感情である。どのような感情も過去に体験した傷つきから不適応感情になりうる。たとえば，幼少期に受けた虐待に起因する不適応な恐怖があると，他者と心理的に接近することを極端に嫌って，人から距離を取り，孤独に苦しむようになる。絶望感，無力感などが色濃く，元気が湧き起こるのを止めてしまうような不適応な悲しみは，他者に手を差し伸べたり，他者のあたたかさを受け取ったりすることを促進する適応的な悲しみとは大きく異なる。

　二次感情は，一次的に起こる感情や思考などに対して起こる二次的な反応である。たとえば，性的な興奮に続いて起こる恥ずかしさ，怒りを感じた直後に湧き起こる涙を伴う悔しさ，うつ，不安，無力感，やる気のなさ，苛立ちなどが例として挙げられる。二次感情は，2つ以上の相反する感情が混ざったような特徴をもっており，漠然とした嫌な感覚が起こりやすい。たとえば，二次感情としての悲しみには怒りが混ざり，喪失を癒やすために他者とつながり自分を休めるといった悲しみが本来もつ力と，相手との境界を引き相手を押し返すといった怒りが本来もつ力が，互いを妨害している。このような悲しみから，他者が差し伸べる手を払いのけて，すねたりする。癒やしの涙ではなく，苛立ちと悔しさの涙となり，対人関係の調整につながらない。これらの二次感情は，まさに一次感情への反応であり，防衛的反応でもあるため，はっきりした欲求と結びついておらず，根底にあるより重要な一次感情を覆い隠してしまう。最後に，他者に一定の影響を与えたり，印象を操作するための感情表出行動である道具感情というものがある。ここには，対人関係を円滑にするために微笑んで好印象を作ることから，相手からの同情を引くために涙を流すこと，怒りを使っ

て相手に自分の言う通りにしようとすることまでが含まれる。適切な道具感情は，アサーション行動も含み，情動知能（EQ）の一部でもある。それは，対人関係を作り維持するのに役立ち，双方にとって役に立つ目的を達成することができる。一方で，不適応な道具感情は，操作されているような嫌な感覚を他者に作り出して，対人関係を阻害することも少なくない。

　EFT の実証研究によると，うつの治療のために来談するクライエントが，治療初期の面接中に見せる感情の多くは二次的感情である（Herrmann et al., 2016）。成功ケースでは，治療中期になると二次感情が下がりはじめ，一次不適応感情と一次適応感情が増えていく。そして，治療中期になっても二次感情が高いままであると，治療成果が低い。成功ケースでは，一次不適応感情から一次適応感情への変化がみられる。また，感情の種類にかかわらず，面接中に感情が高まり表出されたことを示す感情覚醒度の指標は，治療効果と負の相関がある。つまり，クライエントが感情を強く表すことが多いということは，感情を表せるようになっているという肯定的な変化ではなく，クライエントが苦しんだままでいることを示しているのだ。つまり，感情を吐き出せる，または強く表せば良いというのではなく，どのような感情が喚起されるのかということが重要であることがわかる。このような結果は，全般性不安障害のクライエントなどでも確認されている（Dillon et al., 2018 ; McNally et al., 2014）。

　このような感情の種類に関する理解は，アサーション訓練に対してもいくつかの重要な示唆がある。まず，一次適応感情に到達するまでに，かなり治療的作業が必要である。つまり，個人の適応とかかわり，欲求を伝えてくれる一次適応感情は，二次感情を探索して扱ってはじめて到達できる感情であり，心理的苦痛を抱えて心理療法を訪れる人たちがすぐに体験できる感情ではない。ここから，感情的に未分化であり，二次感情主体の感情機能である場合，アサーション訓練を実施し

ても効果的な行動につながらない可能性があると言えるだろう。というのも二次感情は個人の欲求やニーズと直接結びついておらず，異なる感情の相反するニーズが混ざってしまっているからである。

　二次感情や一次適応感情が強い場合，もうひとつの問題が起こる。それは，感情調整が不十分になりやすいことである。二次感情はもやもやした嫌な感覚を作り出し，一次不適応感情の表出は苦痛が大きいためにそれが回避されて，二次感情としての過敏さや苛立ち，相手からの攻撃を想定したような復讐の怒りなどとして表されやすい。他者に気持ちを伝えるとき，もし自分の気持ちが高ぶってしまったら，さらに会話を続けるのは難しくなるだろう。アサーションが可能になり，最も効果的になるのは，個人が一次適応感情に気づき，それに基づいた行動が取れるときである。一次適応感情はその人の欲求を教えてくれる。そして，その感情がしっくりくるという主観的真実の感覚が拠り所となり，二次感情や一次不適応感情に惑わされずに相手と向き合うことができる。

Ⅳ　感情変容のプロセス

　EFTでは，クライエントが安全を感じて，自分の心理的な傷つきを十分に扱えるような心理的安全さを作り出す。そして，セラピストは，クライエントに起こる感情体験に共感的波長を合わせて，それを肯定し，理解しようとする姿勢を維持する。このような治療関係のなかでクライエントは感情的痛みに対する恐怖を克服し，自分の傷と向き合う。また，そのプロセスを効果的に促進するために，椅子の対話などの積極技法を用いる。そのひとつが，未完了の体験に対する空の椅子の対話である（岩壁, 2010）。これは，遺恨を残す相手が空の椅子に座っていることを想像して，それまで表すことができなかった感情を十分に表して，その体験を完了させることを目的としている。クライエントは，感情を身体で体験し，自分のなかにありながらはっきりと気づくことが

できなかった気持ちとそのニュアンスを分化し，言葉で正確に表すようになる（Pascual-Leone & Kramer, 2019）。そしてその他者を，今までとは異なる見方で見ることができるようになったり，長くしみついていた恨みを手放す決心ができるようになる。たとえば，「有名校に合格しなければ，人間として価値がない」と父親に脅されて育ったクライエントが，空の椅子に座らせた父親に対して，どんなに自分が苦しかったのか，頭が悪くて駄目な人間だと悲観して苦しんだのかを訴えた。それまでは，「自分には能力がない，だめな人間だ」「親でさえ，嫌気がさすほど取り柄がない」と自虐的になっていた。しかし，何を言われても努力しつづけたことを思い出し，「自分はできることは十分にやった」という気持ちにふれ，学歴にこだわって子どもに愛情を向けられないのは「おれがダメだからじゃない」と，父親から投影された理想像を突き返し，境界を作るように怒りをしっかりと表し，少しずつ自分のなかに湧き上がる強さを感じた。また「お父さんと小さい頃のように釣りに行ったり，キャッチボールをしたりしたかった」「お父さんの優しさを感じたかった」と愛情を求める気持ちを素直に表していくなかで，ずっと続いていたわだかまりが薄れていくのを感じられた。

　このような対話のワークは，コミュニケーションスキルや適切な対人行動を身につけることを目的とはしていない。また，実際にその相手と対面して，気持ちを表すことを最終目標ともしていない。むしろ，このようなワークを成功させるために，「実際に父親に会いに行ってこのように対決をするのではなく，ここでの目的は自分のなかの感情を扱うこと」というように伝え，実際の世界でこのように行動するかどうかとは全く別であることをクライエントに理解してもらう。ところが，効果研究の知見を見ると，EFTを受けたクライエントには，対話のワークを行った特定の人物との関係に限定されず，全般的な対人関係の改善が見られている。うつに対する認知行動療法と

EFTの比較効果研究でも，うつの症状，自己評価，不合理な認知などにおいて同程度に有意な改善が見られたが，EFTのみ対人関係に臨床的に有意な改善があった（Watson et al., 2003）。また，クライエント中心療法との比較研究でも同様に，両方とも，うつおよび心理的症状，自己評価などで同等の変化を遂げ，対人関係の問題の改善は，EFTのほうが2倍近く高かった（Goldman et al., 2006）。EFTは，クライエント中心療法における関係性を改善させる方法に，感情変容を促進するための積極的技法が加えられている点で異なっている。実際に，この比較研究では，同じセラピストがクライエント中心療法とEFTを担当しており，共感および治療関係の質が同等であることが確かめられていたことからも，感情変容を促進する積極的技法に含まれる作業が対人関係の変化に寄与していたと考えられる。椅子のワークは，上記のように感情を強く喚起することに加え，想像上の他者に向けられた感情を実際に表すという表現行為が含まれているのが特徴的である。では一体，これらのプロセスのどの要素が対人関係の効果と関係しているのだろうか。

興味深いのは，Paivio et al.（2010）の複雑性トラウマに対するEFTの効果研究の知見である。このEFTでは，虐待を受けたクライエントが，その加害者が空の椅子に座っていることを想像して，感情を表すワークを行う。しかし，自分が長い間苦しむ原因になった親や親族の誰かが一緒の部屋にいるところを想像したり，正面から向き合うことに対して拒否反応をもつクライエントも少なくない。そこで，実際に加害者が同じ部屋にいることを想像して感情を表すワークをしない，共感的かかわりを中心とした比較介入群を作った。その結果，この群でも，自分の満たされなかった欲求に気づき（たとえば，守ってもらいたかった，自分の求めていたのは愛情だ），加害者に対する適応的な怒り（たとえば，私が悪いのではなく，子どもを性的満足のために使うあなたがおかしい），グリーフ・思いやり（たとえば，穏やかで幸せな子ども時代を自分にももたせてあげたかった）など一次適応感情を体験している場合，空の椅子の対話を行ったクライエントと同程度の成果を挙げ，対人関係の問題の解決度とそのフォローアップの維持も同程度に見られた。つまり，EFTにおける積極的技法である椅子のワークを用いて，他者に向かって感情を表すという行為化は必須ではなく，一次感情の体験が効果的であると考えられる。EFTにおける一次適応感情に到達することと効果との関連は，異なる研究からも示されている（Choi et al., 2016 ; Pascual-Leone & Greenberg, 2007）。

EFTを受けたクライエントのセラピー体験に関する質的研究によると，クライエントは，セラピストとの肯定的で思いやりのある関係が変化の要因であったと報告することが多い（Timulak et al., 2019）。Yamaguchi et al.（2020）の研究では，特に感情的痛みが強いときに，それと自ら向き合うことよりも，セラピストに感情的に支えられることが重要であったと答えていた。つまり，一次感情に到達することは重要であるが，そのプロセスにおいて，感情変容を支えるセラピストとの交流もクライエントの対人的問題の改善に寄与していることが考えられる。

EFTでは，特定の場面における対人行動や感情のコミュニケーションのスキルの学習を目指してはいない。しかし，対人関係の改善が達成されていることから，なんらかの形でのアサーションとかかわる変容があったことが推察される。たしかに空の椅子の対話などで，それまでに表すことがなかった新たな感情を，長い間葛藤を抱えてきた他者に向かって表すとき，行動リハーサルの要素もそこにあるかもしれない。しかし，効果研究やクライエントの主観的体験の研究が明らかにするように，セラピストの治療関係における姿勢，そしてそれを感じながら自身の深い感情にふれることによって，自分の感情の扱い方，他者との接し方に変化が起こると考えても良いかもしれない。

Ⅴ　アサーションと感情変容の統合

　特定の場面における具体的な表現スキルを学習することが役に立つのは間違いない。しかし，対人場面は複雑であり，具体的な行動を学んでも，それを実践するのは必ずしも容易ではない。状況に合わせて，行動を調整する柔軟性が要求される。そのため，自分が伝えたい気持ちにしっかりとつながれること，防衛感情を見分けて，一次感情とのつながりを維持できること，他者に対して共感的に接することなどは，アサーション行動を発揮するための重要な基盤となる。

　感情のワークがある程度完了したあとに，アサーション訓練を取り入れることで，特定の場面において感情変容の成果を発揮するのを手助けすることが可能である。もう一方で，アサーション訓練において学んだ新たな行動を試すことで，気づきや発見が起こることも知られている（Wachtel, 1997）。どのようなタイミングで何のためにアサーション訓練を取り入れるのかということは，非常に興味深い臨床的な課題である。もう一方で，このような統合を試す場合，治療関係のあり方に注意を向ける必要がある。感情に焦点を当てた心理療法では，感情体験を最大限に促進するために，セラピストが共感的に接してクライエントの内的体験に焦点を当てる。セラピストの視線が，クライエントがその他者にどのような働きかけをしたのか，どのような表現を使って自分を表現したのかということに向けられるとき，評価的な視点も必要となってくる。これらをうまく調和させることによって最適な治療関係を維持することが重要である。しかし，関係に生じるちょっとした離齬についてセラピストとクライエントが話し合えることは，アサーション訓練を進める格好の機会になるとも考えられる。このようにアサーションと他のアプローチの統合に関するプロセスと効果の研究は，高い臨床的意義があるだろう。また，アサーションにおける変容のメカニズムを明らかにすることで，他の心理療法とどのよ

うに組み合わせると良いのかという貴重な知見も得られるだろう。

▶文献

Choi BH, Pos AE & Magnusson MS（2016）Emotional change process in resolving self-criticism during experiential treatment of depression. Psychotherapy Research 26 ; 484-499.

Dillon A, Timulak L & Greenberg L（2018）Transforming core emotional pain in a course of emotion-focused therapy for depression : A case study. Psychotherapy Research 28 ; 406-422.

Fosha D（2000）The Transforming Power of Affect : A Model for Accelerated Change. New York : Basic Books.（岩壁茂，花川ゆう子，福島哲夫，沢宮容子，妙木浩之 監訳（2017）人を育む感情の力─AEDPによる感情変容の理論と実践．福村出版）

Goldman RN, Greenberg LS & Angus L（2006）The effects of adding emotion-focused interventions to the client-centered relationship conditions in the treatment of depression. Psychotherapy Research 16-5 ; 537-549.

Greenberg LS（2010）Emotion-focused Therapy. Washington DC : American Psychological Association.（岩壁茂，伊藤正哉，細越寛樹 訳（2013）EFT入門．金剛出版）

Greenberg LS, Rice LN & Elliott R（1993）Facilitating Emotional Change : The Moment-by-Moment Process. New York : Guilford Press.（岩壁茂（2006）感情に働きかける面接技法─心理療法の統合的アプローチ．誠信書房）

Herrmann IR, Greenberg LS & Auszra L（2016）Emotion categories and patterns of change in experiential therapy for depression. Psychotherapy Research 26-2 ; 178-195.

岩壁茂（2009）感情と体験の心理療法─感情のアセスメント（1）．臨床心理学 9-3 ; 395-402.

岩壁茂（2010）感情と体験の心理療法─過去の感情的傷つきをどう扱うか：“Unfinished business”と空の椅子の対話．臨床心理学 10-5 ; 741-749.

Lazarus AA（1971）Behavior Therapy and Beyond. New York : McGraw-Hill.

McNally S, Timulak L & Greenberg LS（2014）Transforming emotion schemes in emotion focused therapy : A case study investigation. Person-Centered and Experiential Psychotherapies 13 ; 128-149.

三田村仰（2021）アサーションの多元的世界へ．臨床心理学 21-2 ; 147-156.

Paivio SC, Jarry JL, Chagigiorgis H, Hall I & Ralston M（2010）Efficacy of two versions of emotion-focused therapy for resolving child abuse trauma. Psychotherapy Research 20-3 ; 353-366.

Pascual-Leone A & Greenberg LS (2007) Emotional processing in experiential therapy : Why "the only way out is through." Journal of Consulting and Clinical Psychology 75-6 ; 875-887.

Pascual-Leone A & Kramer U (2019) How clients "change emotion with emotion" : Sequences in emotional processing and their clinical implications. In : LS Greenberg & RN Goldman (Eds) Clinical Handbook of Emotion-Focused Therapy. American Psychological Association, pp.147-170.

Speed BC, Goldstein BL & Goldfried MR (2018) Assertiveness training : A forgotten evidence-based treatment. Clinical Psychology : Science and Practice 25-1 ; Article e12216.

Timulak L, Iwakabe & Elliott R (2019) Clinical implications of research on emotion-focused therapy. In : LS Greenberg & RN Goldman (Eds) Clinical Handbook of Emotion-Focused Therapy. American Psychological Association, pp.93-109.

Wachtel PL (1997) Psychotherapy Integration : Psychoanalysis, Behavior Therapy and the Relational World. American Psychological Association.

Watson JC, Gordon LB, Stermac L, Kalogerakos F & Steckley P (2003) Comparing the effectiveness of process-experiential with cognitive-behavioral psychotherapy in the treatment of depression. Journal of consulting and clinical psychology 71-4 ; 773-781.

Yamaguchi C, Kimura Y, Noda A, Yamazaki W, Nakamura K & Iwakabe S (2020) Clients' subjective experiences in emotion-focused therapy. A poster presented at the Annual Meeting of The Society for Exploration of Psychotherapy Integration. Vancouver, Canada.

［特集］アサーションをはじめよう——コミュニケーションの多元的世界へ

大切な人とのアサーティブな関係を築く

カップル・セラピー

野末武義 Takeyoshi Nozue

明治学院大学心理学部心理学科

Ⅰ　はじめに

　筆者は約30年前，大学院生のときに日精研心理臨床センター主催のアサーション・トレーニングを受講し，その後トレーナー・トレーニングを経て認定トレーナーとなった。また，大学院修了後から個人療法と家族療法の統合的アプローチのトレーニングを受け，カップル・セラピーを実践してきた。アサーションとカップル・セラピーがどうつながるのか，多くの人にはイメージしにくいかもしれない。しかし両方に携わってきた筆者としては，この2つは不可分な関係にあると考えている。カップル・セラピーにおけるセラピストの基本的な役割とセラピーの目的のひとつは，カップル双方が非主張的あるいは攻撃的自己表現を減らし，少しずつアサーティブな自己表現を身につけることであり，新たな対話によってより対等で公平な関係を築けるように援助することだと考えている。

Ⅱ　さまざまなカップル・セラピーと共通要因

　一口にカップル・セラピーといっても，認知行動的カップル・セラピー（Epstein & Baucom, 2002），対象関係論的カップル・セラピー（Scharff & Scharff, 2000），感情焦点化カップル・セラピー（Greenberg & Johnson, 1988），ゴットマン・カップル・セラピー（Gottman & Gottman, 2015），統合的カップル・セラピー（Weeks & Fife, 2014）など，さまざまなアプローチがある。それぞれが依拠する理論によって，カップルの問題をどのように概念化するか，セラピストがどのように介入するかは異なるものの，Weeks & Fife（2014）は，それらの共通要因として以下の6点を挙げている。

　①個人あるいは関係の問題をシステミックに理解し概念化すること。②カップル双方と同時に会い，さらに二人の関係やセラピーに影響を与える可能性がある人も視野に入れること。③セラピストの温かさ，共感，純粋性がカップル双方に体験されるような治療同盟を築くこと。④二人の行動的側面に焦点を当て，相互作用のパターンと非機能的なプロセスを明らかにし，愛情とサポートとコミットメントが伝わるような行動や建設的なコミュニケーションと問題解決を教えること。⑤二人の認知的側面に焦点を当て，思考と感情と行動のつながりやパートナーとの相互作用を理解できるように援助すること。⑥二人の感情体験に焦点を当て，自分自身の感情に触れ，セラピストと感

情的につながり，パートナーとの感情的な絆を促進すること。ここに挙げた6点のうち，今回のテーマであるアサーションと関わるのは，主として④⑤⑥の3点であろう。

III　来談するカップルに見られるさまざまな違い

カップル・セラピーにカップルが持ち込む問題は，実に多種多様である。浮気，子育てをめぐる夫婦の葛藤，セックスレス，不妊をめぐる夫婦間の不一致，一方もしくは双方の症状や障害をめぐる問題，実家との関係をめぐる問題，離婚するか関係を修復するかの迷い，再婚家庭としての適応，結婚するかどうかの葛藤，等々である。

こうしたさまざまな問題を抱えながらセラピーに来るカップルは，「これが私たちの問題だ」と認識が一致している場合もあるが，多くのケースはそうではない。一方は非常に深刻な問題だと思っているのに，他方はまったく問題だと思っていない，あるいはパートナーが思っているほど深刻ではないと思っている。また，「これが私たちの問題だ」という認識は一致しているものの，問題を解決するためにはパートナーさえ変わればよい，自分は変わる必要はない，と思っているカップルも珍しくない。さらに，問題の認識は一致しており解決しようと二人で努力して話し合ってきたものの，解決しようとすればするほど葛藤が強くなり関係が悪化するという悪循環に陥っている人たちもいる。そして，一方は関係を修復したいと思っているが他方は離婚を望んでいたり，あるいは，そもそも離婚したいのか修復したいのか自分でもよく分からない状態で来談する人もいる。

このように多くのカップルは，二人の間にあるさまざまな違いに悩み，傷つき，解決が困難になった状態でセラピーに来る。そのためセラピストは，カップルを二人の異なる個人として尊重して理解し，それぞれが個人として変化するように介入しなければならない。それと同時に，カップルを二者から成り立つシステムとみなし，二人の間の相互影響関係や悪循環を理解し，そのパターンが変化するように介入しなければならない。後者は，カップルの一方とだけ会う個人療法では難しい，合同面接を基本とするカップル・セラピーの大きなメリットである（野末，2015a）。またケースによっては，過去から現在に至るまでの源家族との関係や，職場や仕事が二人に与える影響についても取り上げる必要性がある（野末，2015b, 2016）が，ここでは紙幅の都合上取り上げない。

IV　カップルの悪循環を理解し，相互作用のパターンを変える

葛藤状態にあるカップルは，カップルダンス（couple dance）（Middelberg, 2001）と呼ばれる悪循環に陥る。それぞれの個人としてのスタンスとその組み合わせが，さまざまなタイプのダンスを生み出す。カップルがアサーティブに話し合えるようになるためには，セラピストはその悪循環に介入し変化をもたらす必要がある。

追跡者／回避者のダンス（the pursuer/avoider dance）とは，二人の間で葛藤や問題が生じたときに，一方（追跡者）がパートナーを感情的に追い求め，他方（回避者）はパートナーから距離を取ろうとし，追い求めれば追い求めるほど逃げる，逃げれば逃げるほど追い求めるという悪循環である。追跡者はしばしば攻撃的な自己表現をして回避者を非難したり，自己の欲求を正当化して自分の望む言動を回避者がすることを強く求める。一方，回避者は，追跡者の言動によって傷ついていたり，どう対処してよいか分からずに困惑していたり，あるいは内心腹を立てていたりするが，それらをアサーティブに表現することは困難である。

追跡者は攻撃的な自己表現をしがちであるが，実は非常に傷ついていたり，パートナーに自分の気持ちを分かってほしい，受け止めてほしいと思っており，根底には寂しさや虚しさを抱えていて，パートナーとの情緒的な強い絆を求めている。セラピストは，そうした怒りの根底にある弱い感

情を共感的に理解し，言語化して伝える。それは
セラピストが追跡者を共感的に受容しつつ，同時
に傍らで聴いている回避者が，追跡者の怒りの根
底にある感情を理解し受け止められるように介入
しているのである。一方，回避者は，追跡者から
の働きかけに対して戸惑ったり傷ついたりしてい
るが，それをうまく言語化できないために，追
跡者の目には拒絶や無関心として受け取られやす
い。そして，しばしば追跡者は関心を惹こうと一
層攻撃的に自己主張しつづけるために，回避者は
ますます防衛的になり非主張的になって話せなく
なる。そのため，セラピストは回避者には自身の
気持ちや考えに気づき表現できるように，時には
追跡者の発言を制して回避者が発言する機会を与
えたり，回避者の気持ちや葛藤を推測し代弁する
などして，回避者の発言を促進することで徐々に
パターンを変えていく必要がある。つまり，追跡
者が追い求めることを徐々に止め，回避者が逃げ
ることを止めて追跡者と向き合い，自分の気持ち
や考えを表現したり，追跡者の情緒的欲求に対応
できるように介入するのである。

　衝突のダンス（the dance of conflict）は，何
らかの問題や葛藤が生じると，お互いに自己を正
当化しパートナーを攻撃する悪循環である。問題
を解決しようとして話し合うと，いつの間にか
ヒートアップして喧嘩になってしまうことを繰り
返している。そして，双方がパートナーによって
自分は傷つけられている，悪いのはパートナーで
あってパートナーが変わるべきだと思っている。
そのため，二人で話し合おうとしても，結局は
攻撃的に責め合うだけになってしまい問題解決に
は至らない。こうしたカップルの場合，セッショ
ンのなかで一方がセラピストに話しているところ
にパートナーが割り込んで話そうとしたり，延々
とパートナーに対する不満を言いつづけたり，セ
ラピストの質問の意図とは違うことを答えて話題
を変えようとしたり，セラピストの目の前で二人
が口論になったり，といったことがしばしば起
こる。そのため，セラピストは割り込んでくる

パートナーの発言を遮ったり，こまめに発言内容
を明確化・要約したり，口論をストップするな
ど，積極的に介入してセッションをリードしなけ
ればならない。そうすることで，それぞれのパー
トナーに対する攻撃的な自己表現を減少させ，落
ち着いて発言できるように方向づけ，少しずつア
サーティブに話し合う基盤を作っていく。構造的
な観点から言えば，お互いに過度に感情的に反
応し合ってしまうようなカップル間の曖昧な境界
（diffused boundary）が，より明瞭な境界（clear
boundary）に変化するように介入していく。

　距離のダンス（the dance of distance）は，問
題や葛藤が生じると，お互いに自分の気持ちや考
え，パートナーに対する不満などを直接表現せ
ず，心理的物理的に距離を取ることでパートナー
と関わることを避けようとするものである。寝室
を別にする，必要最低限なことしか話さない，挨
拶もしない，といったいわば冷戦状態になり，コ
ミュニケーションは希薄になり境界は堅固（rigid
boundary）なものとなる。そのような葛藤状態
のなかで，話し合うことによって自分がパート
ナーを傷つけることを怖れている場合もあれば，
反対にパートナーによって自分が傷つけられるこ
とを怖れている場合もある。また，根底にどの程
度の怒りや憎しみ，失望感や諦めがあるのか，ど
れくらい長期間にわたって続いているのか，パー
トナーとの関係にどの程度コミットする意志があ
るのかは，カップルによって大きく異なる。

　いずれにせよ，このパターンに陥っているカッ
プルは，コミュニケーションの機会そのものが乏
しく，二人だけで解決に向けて話し合おうとして
も，激しい喧嘩にならないどころか会話そのもの
が続かない。そのため，自分たちのことを「家庭
内別居状態」と表現するカップルもあれば，「私
たちは夫婦なのに喧嘩すらできない。喧嘩できる
夫婦が羨ましい」と訴えるカップルもある。した
がってセラピストの役割は，二人がセラピストを
介して少しずつ自分の気持ちや考え，パートナー
に対する不満や期待などを表現できるようにサ

ポートすることである。具体的には，事実関係を細やかに確認したり，それぞれに気持ちや考えについて尋ねたり，時には表現されていない気持ちや考えや欲求をセラピストが推測して言及し引き出そうとする。また，個人療法とは異なり，夫婦合同面接の形態を基本とするカップル・セラピーでは，一人がセラピストに向けて発した言葉は，同時にパートナーにも間接的に聴かせていることになる。したがって，セラピストのサポートによってお互いに自分が言えなかったことを少しずつ言えるようになることと，聴きたくても聴けなかったパートナーの気持ちや考えを聴くということがパラレルに進んでいく。そして，セラピストという第三者がいることによって，二人だけのときには話せなかったことが少しずつ話せるようになり，次第にセラピストが頻繁に介入しなくても，当人同士が徐々に自由に話せるようになっていく。構造的に見れば，カップル間の堅固な境界に透過性（permeability）が生まれて次第に明瞭な境界となり，カップルが徐々に安心してパートナーに心理的に近づけるように介入していく。

Ⅴ　カップル双方を個人として理解し，アサーティブな自己表現を促進する

カップル・セラピーが一般的な個人療法と大きく異なるのは，カップルをシステムとしてとらえ，その相互作用に直接介入するという点である。それと同時に，カップルの双方に対して，異なる心理的世界を持った個人として理解し介入することで，それぞれがよりアサーティブな自己表現ができるように，またパートナーの語りをアサーティブに聴けるように働きかける必要がある。

葛藤状態にあるカップルが，自分の気持ちや考えや欲求を落ち着いて明確にパートナーに自己表現し，同時にパートナーを尊重する気持ちを持ちつつ冷静に耳を傾けることは，極めて困難である。当人は自分の気持ちや考えや欲求を表現しているつもりであっても，攻撃的にパートナーを責めているだけで，結果的にパートナーの防衛的態度を強めるだけになっているかもしれない。あるいは，パートナーを気遣うあまり非主張的な表現になってうまく伝わらず，誤解を招くということもしばしば起こる。また，根底にある傷つき，寂しさ，悲しさ，虚しさ，無力感，見捨てられ感といった弱い感情は表現されにくく，攻撃的な言動によって偽装されやすい。さらに，根底にはパートナーに対する思い遣りや愛情，期待，親密性を求める欲求など肯定的な思いがあっても，仮にそれらを表現してもパートナーに理解され受け容れられない場合はさらに傷つきを深めるため，防衛的になって表現されないばかりか，本人が気づいていないこともしばしばである。

したがって，セラピストは二人が語ることを静かに黙って共感的に理解したり語りをそのまま繰り返すだけでは，二人のアサーティブな自己表現を促進しセラピーを展開していくことはできない。時には，二人が言語化していない気持ちや考えや欲求，不安や怖れを察して言語化したり，否定的な言動を肯定的にリフレーミング（野末，2011）したり，パートナーを責めるのではなくアイメッセージでアサーティブに伝えるように促したりする必要性がある。

以下，いくつかの事例の概要と介入の抜粋を例示する。なお，それぞれの事例は複数事例をアレンジしたものである。

1　[事例1] 30代の夫婦——夫は初婚，妻は2歳の子どもを連れて再婚

ある日，夫が子どもに食事を食べさせようとしたところ「ママがいい」と言われ，夫は怒って「勝手にしろ！」と言ってその場を立ち去り，子どもが大声で泣いてしまった。妻は「そんなきつい言い方しなくたっていいでしょ」と夫を責め，夫は「ママのほうがいいんだってさ」とふてくされ，それ以来夫婦は気まずい雰囲気になり，うまく話し合えない状態でいた。

Th：ご主人にとっては，お子さんから「ママがいい」

と言われたことは，まるで「おまえは父親として失格だ」と言われたように感じられたのではないかと想像しましたが……

夫：そういうことじゃないでしょうか。だって，僕とは血がつながっていませんから。

Th：血がつながっているかどうかって，どうしてもひっかかっちゃうかもしれないですね。もし私がご主人の立場で，子どもから「ママがいい」と言われたら，きっとまるで自分の存在そのものを否定されたように感じてしまって，とても傷つくだろうと思います。

夫：……正直言って……2歳の子どもにあんな風に言われるなんて，ショックでした。結婚する前は，とってもなついていたのに。

妻：あなた，傷ついたの？

Th：私にはそう聞こえましたが。

妻：主人は，仕事は人一倍ばりばりやるし，いつも明るいから，傷ついていたなんて……まったく想像していませんでした……

2　[事例2] 40代のセックスレスの夫婦

夫が女性部下と二人で，地方に2泊3日の出張をすることが決まった。それについて妻が苛立ちながら，女性部下の年齢，容姿，恋人の有無，性格などを次々と問い質し，写真を見せてほしいと言い，夫が渋々忘年会のときの写真を見せたところ，「どうして写真を持っているのか」と問い詰めた。夫は次第に暗い表情になり，「なんでそんなに責められなくちゃいけないのか，正直言って分かんないんだけど。俺，何か悪いことした？」とつぶやいた。

Th：お話を聴いていて，奥さんは決してご主人を責めようと思っていろいろ訊いているわけではないと思いましたが，ご主人としては責められていると感じるだろうとも思いました。これは私の勝手な想像ですが，もしかしたら奥さんは，ご主人が出張先で部下の女性と不倫関係になるんじゃないかと，とても不安を感じているように思ったんですが……

妻：……この人は誠実な人ですから，決してそんなことはしないとは思っているんですけど……でも，最近は私とあまり関わりたくないと思っているみたいなんで……

夫：別にそんなことないよ。本当に仕事のストレスで疲れ切っているんだって。

Th：（妻に）その不安は無理もないことだと思いますし，ご主人との関係を大切にしたいという気持ちの表れだと思います。お二人だけでのときには言いにくいかもしれませんが，今ここで，ご主人にちゃんと伝えてみたらどうでしょうか。

3　[事例3] 子どもの不登校をめぐって喧嘩を繰り返す40代の夫婦

母親は，父親が仕事ばかりしていないでもっと子どもと関わるべきだと主張し，父親は，母親が子どもに構いすぎないようにするべきだと主張し，平行線をたどってきた。

Th：お父さんもお母さんも，なんとかしてお子さんが学校に行けるようにならないかと，一生懸命考えていらっしゃいますね。どうすべきかについては，お二人は違ったご意見をお持ちですが，その根底にあるお子さんを思う気持ちは，同じくらい強いんだなと思いました。

母親：同じかどうかは分かりませんけど。

父親：私は私なりに，子どものことを考えているつもりです。

Th：お二人のお話を聴いていると，お互いに不満を言っているように聞こえますが，違った角度から見ると，相手がこうしてくれればお子さんの問題は解決するはずだ，という期待があるように感じます。でも，それがついつい不満を言うという形になっているように思えます。本当はお互いに困っているし，分かってほしいし，協力してほしいんだけれど，それを素直に言うのが難しいんですね。

VI　セラピストがアサーティブであること

カップル・セラピーでは，カップルのさまざまな違いが表現されるばかりか，セラピストの目の

前でカップルのふだんの葛藤状態が再演され，そ
れに適切に対処しなければならない。そのなかで，
時にセラピストはカップルや家族に関する個人的
な価値観を揺さぶられたり，カップルの一方に対
して強い否定的な感情を抱き，バランスの取れた
介入ができなくなることも起こりうる。

　例えば，カップルの一方（A）が「男は仕事，
女は家庭」という伝統的性役割観を強く持ち，他
方（B）が平等主義的性役割観を大切にしていて，
その違いをうまく共有できないために，子育てな
どさまざまな面で葛藤が生じていることは珍しく
ない。また，セラピスト自身もふだんは意識して
いないかもしれないが，いずれかの価値観を大切
にしながら家庭などで日常生活を送っている。も
し，セラピストが自身の価値観に無自覚だと，セ
ラピー場面でAとBがそれぞれパートナーに対
する不満や問題点を語ったり口論を始めたとき，
セラピストの価値観に近い方（AもしくはB）に
いつの間にか同情的になり，他方（BもしくはA）
に否定的な感情を抱き，カップルの葛藤をうまく
扱えなくなってしまうだろう。

　また，カップルの一方（X）が感情を中心に語
り，他方（Y）は思考を中心に語り，お互いに話
はしていてもかみ合わず，一向に葛藤が解決され
ないということもしばしば起こっている。そして，
セラピストもふだんから感情に焦点を当てやすい
か，思考に焦点を当てやすいかという，それぞれ
の個人的な傾向を持っている。そのため，セラピ
ストが自身の傾向に無自覚なままだと，自分と似
た方（XもしくはY）には関わりやすく，他方（Y
もしくはX）への関わりに困難を感じる可能性が
ある。しかし，アサーションの観点から言えば，
感情と思考のどちらも重要である。また，先述し
たように，さまざまなカップル・セラピーの共通

要因として，感情も思考も扱うことが重視されて
いる。

　カップルが苦しんでいる葛藤や問題を適切に理
解し援助するためには，セラピストが理論や技法
を身につけることが重要であるのはいうまでもな
い。しかし，その基盤としてセラピスト自身が自
己理解を深めることと，セラピスト自身がアサー
ティブであること，そして，セラピストとカップ
ル（一方または双方）間に生じる違いや葛藤をど
う受け容れ対処できるか，が問われるであろう。

▶文献

Epstein NB & Baucom DF（2002）Enhanced Cognitive-Behavioral Therapy for Couples : A Contextual Approach. American Psychological Association.

Gottman JS & Gottman JM（2015）10 Principles for Doing Effective Couples Therapy. W.W. Norton & Company.

Greenberg L & Johnson S（1988）Emotionally Focused Couples Therapy. The Guilford Press.

Middelberg CV（2001）Projective identification in common couple dances. Journal of Marital and Family Therapy 27-3 ; 341-352.

野末武義（2011）カップル・セラピーにおけるリフレーミング. In：大熊保彦 編著：現代のエスプリ 523 リフレーミング：その理論と実際―“つらい”とき見方を変えてみたら. 至文堂，pp.138-147.

野末武義（2015a）心理臨床実践にいかに夫婦・家族面接を取り入れるか. 日本家族心理学会 編集：家族心理学年報 33 個と家族を支える心理臨床実践 I―個人療法に活かす家族面接. 金子書房，pp.13-21.

野末武義（2015b）夫婦・カップルのためのアサーション―自分もパートナーも大切にする自己表現. 金子書房.

野末武義（2016）カップル・セラピーのメリットと難しさ―個人療法との比較と夫への関わりを中心に. 家族療法研究 33-2 ; 190-193.

Scharff DE & Scharff JS（2000）Object Relations Couple Therapy. Jason Aronson.

Weeks GR & Fife ST（2014）Couples in Treatment : Techniques and Approaches for Effective Practice. Third Edition. Routledge.

[特集] アサーションをはじめよう——コミュニケーションの多元的世界へ

コミュニケーションの困難に対する
エクスポージャー療法

田中恒彦 Tsunehiko Tanaka
新潟大学

倉重 乾 Tsuyoshi Kurashige
新潟大学大学院 現代社会文化研究科

I　はじめに

　我々が生活を営むうえで他者とのコミュニケーションのもつ重要性は非常に大きい。我々は社会生活において，他者との相互作用のなかにあって，自分の言動に相手がどのように反応するのか，その反応を読み取ることを通して，自分の特徴を社会的なものとして初めて理解することができる（大坊，2006）。つまり，我々は他者との比較を通して自分を発見する側面があるとも言えよう。「個性化の時代」と言われ，個人の在り方が多様化し個性の尊重が叫ばれる現在において，"他者と異なる点"に注目が集まりがちだが，ここで示されている"他者と異なる点"は，他者が理解できる，受け入れられるものであるということが前提とされている。つまり他者とのコミュニケーションのなかで個性の存在が認められていると考えられることから，ますます生活におけるコミュニケーションの役割が大きくなっていると言えよう。

　これまで，対人コミュニケーションへの不安・恐怖は，臨床心理学や精神医学において重要な問題として注目されてきている。特に社会的な状況で出現する過度な不安反応とそれに随伴した行動問題は，社交不安症状として治療や支援の対象と

なってきている。本稿では，社交不安症状など社交場面で起こる病理現象によって生じるコミュニケーションの困難に対する，心理学的支援法としてのエクスポージャー療法を紹介する。

II　エクスポージャーの実際

　ここに，対人関係の悩みから認知行動療法を専門とするカウンセリングルームに来談した一人の事例を提示する。事例を通してエクスポージャー療法の実際や実践の上での工夫について述べるが，本事例は複数の自験例をもとに作成した架空事例である。

事例

　マサ子さんは25歳の女性で，大学を卒業し，現在は契約社員として事務仕事をしている。彼女は生まれつき心臓に重い障害があり，子どもの頃から体力的な問題を抱えていた。また，彼女には喘息の持病もあり，身体に負荷のかかるような日中の活動に大きな制限がかかっていた。学校では体育の授業はほとんど見学で，長距離を歩く行事の参加も制限することとなっていた。彼女はさまざまな面で自分が先生やクラスメイトに迷惑をかけていると感じており，いつも申し訳ないと感じながら学校生活を送っていた。

彼女はそのようなハンディキャップを抱えながらも大学を卒業し，食品加工の会社に1年ごとの契約社員として就職することになった。職場では，表計算ソフトを用いた出勤退勤の管理や在庫の管理などの仕事を主に担当していた。マサ子さんは体調の問題はありつつも3年間仕事を続けたが，契約が最長5年であったことや，毎年の契約更新で昇給が見込めないこと，今後のキャリアを考えた上で転職を考えるようになった。

ある日マサ子さんが両親に転職について相談をしたところ，両親からは「せっかく就職できた会社なのだから，次が決まったわけでもないのに辞める必要はないんじゃないのか」と退職を踏みとどまらせるような助言が返ってきた。両親は続けて「障害をもっていて，体力的に問題があるあなたを雇ってくれる会社がそうあるとは思えない。雇ってもらえてお給料が出ているだけでもありがたく思わないと」と彼女を説得しにかかった。マサ子さんは転職の希望を伝えた後は，ひたすら両親からの説諭を聞くことしかできなかった。「わかりました。私の考えが浅はかでした」。マサ子さんはそう呟いて自分の部屋に戻り，一人涙を流し自分を責めた。

翌日からもマサ子さんは出勤こそできていたものの，このまま仕事を続けて良いのかどうかという悩みが続き，両親に対しても転職の話をして以降，日常会話をする気も起きなくなり，一日中自室で過ごすことが増えていた。自身でも現在の状態はまずいと考え，カウンセリングオフィスで相談をしてみることにした。

対応したカウンセラーは主訴や上記のようなこれまでの問題経過を聞き取ったのち，彼女が抱える困りごとを具体的に確認していった。特に，転職を考えるに至った経緯について詳細に検討したところ，5年の期限が決まっていることや，昇給がないことも重要であるが，日々の仕事のなかで負担を感じる機会が多いことも大きな要因であることが明らかになった。たとえば，他の同僚は「表計算ソフトが苦手」という理由で，パソコンの入力作業などは全てマサ子さんに任せていた。一方で，電話対応などが忙しいときには「パソコンばかりやっていてこちらの仕事を手伝わない」と指摘されていた。マサ子さんが持病により短期入院した際には，「表計算ソフトのファイルが壊れると困るから」という理由で，そ

の間の入力作業はまったくなされておらず，退院した彼女が溜まった入力作業をすべて一人で行わなければならなかった。そのような状態でも，彼女は「ソフトの使い方を共有できるようにしましょう」などと同僚に主張することができなかった。自分が訴えたところで同僚がパソコンの作業を行ってくれるとは思えず，かえって迷惑そうな顔をされると考えていた。自分ができることはこれくらいなのだから，迷惑にならないようにできることをやらなければならない，という考えがいつも彼女のなかにあった。「とにかく，自分の意見や希望を伝えることは苦手です」。カウンセラーに対してマサ子さんは力なく呟いた。

マサ子さんは転職について両親に相談したことをきっかけに来談したが，それ以外にもコミュニケーションにさまざまな困難を抱えていたことがわかる。場面や相手は異なっていても共通しているのは，自分が何か意見を言うことにネガティブな結果が随伴すると予測していること，またその予測の結果，意見を主張するのを回避しているということであった。つまり彼女は何か意見を言おうとすると（過去にそうであったように）否定的な結果が返ってくると予想し，不安や恐怖を感じてしまう。そのような感情によって，彼女は自分の意見を伝えることを回避してしまっているのである。このように社交不安を持つ者は，しばしばポジティブ・ネガティブにかかわらず他者から評価される（何らかの反応が返ってくる）ことにひどく恐怖し，他人の顔など社会的刺激を回避することが知られている（Sluis & Boschen, 2014）。

このような恐怖を低減する最も有力な方法は，個人が恐れたり避けたりしている状況や思考感覚に直接向き合うことである。心理学的支援法のなかで，不適応的な行動や情緒反応を起こす刺激に人をさらさせるあらゆる方法（原井，2019）の総称を，エクスポージャー療法（あるいは単純にエクスポージャー）と呼ぶ。エクスポージャー療法は行動主義と行動療法に起源を持つが，現在では認知過程も含めたさまざまな治療法に共通する要因と考えられている。エクスポージャー療法で

規定されているのは手続きであり，効果の説明についてはさまざまな理論的立場から行われているが，それらについての説明は類書に譲り，本稿ではその実施方法について述べていく。

III　エクスポージャーを実施する準備

1　ターゲットを同定する

　エクスポージャーを実施する上では，まず問題がどのようにして起こり発展していったのか，そしてなぜ今も問題が維持しているのかを確認することから始まる。問題が発展していくプロセスから得られた情報はエクスポージャーを進めていく上で必ずしも重要とは限らない。しかし，問題の経過を丁寧に傾聴し，共感的に振る舞うことは，クライアントのセラピストへの信頼感を高めることに役立つ。特に経過が長期にわたる場合には，クライアントが訴える症状や問題となる行動は，出現することに必然性があった場合もある。ただ症状や行動に対して介入を行うだけでなく，症状を発生させ維持している環境要因を同定し，環境への働きかけも同時に行っていくことが求められる。こうしてクライアントから集められた情報をもとに，クライアント自身に問題の理解を促し，セラピーへの動機づけを高めるために心理教育が行われる。

　事例においては，マサ子さんが自分の意見を述べることを躊躇しだしたのは最近のことではなく，幼少期からの経験が影響していたことが明らかになった。彼女は周囲からさまざまな行動の制限を求められてきた。そのなかで，周囲の人間も彼女とともに制限されることがしばしばあった。彼女にとって自分の意思を表明することを避けるのは，自分のせいでさまざまな制限が出てしまうことに対して申し訳ないと感じていることを表明する働きがあった。一方で両親が「あなたは身体に障害を持っているから」と言うことは，彼女自身が自らやりたいと願うことをいつも止める働きをもっていた。彼女は両親が自分のことを心配してその一言を言ってくれていることはわかってい

たので，それに反論することができなかった。しかし，結果的にこの一言は，マサ子さんが意見を言うことをいつも邪魔する働きをもってしまっていた。セラピストは得られた情報をもとに，これらの問題を維持しているメカニズムと，それに対して効果があると考えられる支援法について心理教育を行い，彼女から同意を得た上で，セラピーにおけるターゲット行動を「他者に意見（あるいは自分の考え）を言う」と設定した。

2　階層表をつくる

　ターゲットとなる行動が定まれば，次は階層表の作成に移る。階層表とは，クライアントが恐れたり避けたりしている状況のリストで，生じる不安・恐怖が一番小さいものを下，強くなるにつれて上に記述するように階層化されていることが一般的である。それぞれの項目に対して $0 \sim 10$ や $0 \sim 100$ のように数値による評定（自覚的障害単位（Subjective Unit of Disturbance scale : SUDs）と呼ばれる）を求められるのが一般的である。なかには数値を決めるのが困難なクライアントも存在する。その場合には，負荷が軽く実現可能と思えるものから順番に記述してもらうなどで対応をする。階層表はエクスポージャーを導入する際に用いられることが多い。クライアントはセラピストと対話しながらエクスポージャーで取り組む課題を設定する。よく見られるのは半分程度の課題から取り組みはじめ，実践した課題が容易になってきたところで徐々により難しい課題に進んでいく方法である。しかし，必ずしも下部の課題からはじめる必要はなく，クライアントの望む課題のなかから選ばれる。

　表1は，マサ子さんが作成した階層表である。マサ子さんとカウンセラーは，彼女が意見を述べることを求められる具体的な場面や，相手についてできるだけ多くの状況を挙げた上で検討を行った。それから，ある程度状況が出そろったところで，最も高いものから順番に並べ替えて階層表を作成した。

表1　マサ子さんが作成した階層表

順番	項目内容	SUDs
1	上司に退職したいと伝える	100
2	同僚から頼まれた仕事を断る	95
3	親に将来のことについて相談する	80
4	同僚に業務のサポートをお願いする	80
5	有給取得を上司に申し出る	60
6	夕食後，リビングで家族と過ごす	50
7	友人を誘う	40
8	電話を受けた内容を同僚に伝える	40
9	家族に予定があるので食事がいらないことを伝える	30
10	母親に食べたいものを伝える	10

3　安全確保行動への妨害戦略を検討する

　エクスポージャーの効果を十分なものにするためには，適切な反応妨害についての戦略が必要である。不安や恐怖を一時的に収めてくれる安全確保行動が長期的な不安の維持に与える影響については，あらかじめ心理教育を行っておく必要がある。その上で，実際にクライアントが不安・恐怖を回避するためにどのような安全確保行動をとっているのかを確認し，それに対してどのように対応をするかをエクスポージャーに入る前に話し合っておく。安全確保行動は，視線を逸らしたり，頓服薬を服用したり，部屋から出て行くといった観察可能なものもあるが，頭のなかで「大丈夫」と唱え続けたり，意見を言うことを諦めるような，周囲からの観察が不可能なものもある。反応妨害はエクスポージャーの成功にとって重要な鍵となるので，実現可能な方法を詳細に検討することが求められる。観察可能な安全確保行動の妨害は比較的容易であるが，観察できない安全確保行動の反応妨害はセラピストのサポートがないと難しい。

　マサ子さんの安全確保行動は，意見を言うことを控えることだった。また，ここには自分の意見に注目することも含まれていた。カウンセラーはセラピーの開始当初から，マサ子さんがセラピーを受けてどのようになりたいか明確な目標が語ら

れず，カウンセラーが語る目標に同意することが多いと感じていた。これは，彼女が「自分の意見を言う」ことを回避するという安全確保行動をとっていると考えられた。そこでカウンセラーは，彼女に対して開かれた質問を多用することによって，彼女が自分の意見を述べることを回避できない状況をつくるようにした。

4　対処スキルを準備する

　エクスポージャーも反応妨害もクライアントにとって困難な作業である。これまで自身が避けていた状況に自分を立たせることや，これまで用いていた対処行動を制限されることは，当然クライアントにとって辛いことであり難しい。安全確保行動は多くの場合，ほぼ自動的に出現する。それに気づき止めることも非常にエネルギーが必要な作業となる。エクスポージャーがクライアントにとってただ辛いだけの作業にならないように，安全確保行動と比較して適応的な対処スキルを準備することはしばしば行われる。例えば交感神経の興奮を和らげるような呼吸再調整を練習したり，友人や家族にサポートを依頼することなども対処スキルに入る。ただしケースによっては対処スキルが新たな安全確保行動に切り替わってしまうこともありえるので，よく考慮して準備をする必要がある。コミュニケーションの困難において，ア

サーショントレーニングを行うことは，対処スキルの準備としての側面も有している。

マサ子さんは自分の意見が否定されたと感じたとき，湧き上がってくる感情をなだめるために，呼吸を調整する方法とリラクセーションを行う方法を身につけることになった。彼女ははじめカウンセリングのなかでカウンセラーに意見を述べたときにそれらの方法を行い，自身が湧き上がってくる感情に飲み込まれずに意見を述べられてきていると実感できるようになった。

5　エクスポージャーを実施する

エクスポージャーを行う準備が整い，クライアントに課題に向き合う動機づけがあることが確認されたところで，エクスポージャーを計画し，それを実行する段階に移る。エクスポージャーを計画する際には階層表から課題を抽出し，実施の場面，実施の頻度，実際に取り組む時間などについて詳細に検討を行う。

階層表から課題を抽出する際には，どの程度の課題ならば取り組めるかについてクライアントと話し合う。一般的にSUDsの高い課題から始めると，早くに効果が現れたり予後が良いということが報告されているが，段階的な実施と比べてドロップアウトが多くなることも明らかになっている。

実施の頻度については，はじめの頃は比較的短い頻度で実施し，徐々に間隔を開けていくことが良いと言われている。こうすることで比較的速やかに学習が成立し，その後も好ましい状態が長期に続くと言われている。また取り組む時間については，できるだけ長い時間取り組むことが効果的である。重要なポイントは，不安反応が低下しはじめるまでエクスポージャーを続けるというエクスポージャー療法の目的を達成できるかどうかである。実際にはクライアントが安全確保行動をきちんと妨害することができていれば，長時間にわたって恐怖や不快感のSUDs評定が維持することは珍しい。逆に言うと長時間SUDsが低下してい

かない場合には，クライアントが行っている安全確保行動をセラピストが把握できていないことを示唆している。そういった場合，セラピストはエクスポージャー中のクライアントの様子をよく観察し，クライアントが安全確保行動をやめるようサポートを行う。

実施の場面は，セッション内で行うのかホームワークとして行うのかという違いがある。セッション内でエクスポージャーを行う利点は，クライアントの様子を身近で観察でき，豊富な情報を得られることである。先に述べたように，報告されていなかった安全確保行動を発見することも容易である。またエクスポージャー中に起こったトラブルへの対処も行いやすい。一方で，ホームワークによってエクスポージャーを行うことには，セッション内とは異なった利点がある。最も重要なことは，ホームワークによる実施は，クライアントの生活圏においてセラピーが進行するということである。学習が成立する上で，刺激の類似性は非常に重要な位置を占めることが明らかになっている。つまり，クライアントの生活場面で新しい学習が成立することは，生活機能の回復や再発予防の点からも非常に有用である。また，ホームワークでエクスポージャーを実施できれば，高い頻度で行うことが可能になる。先にも述べたように，エクスポージャーは短期間で集中的に実施するほうが，間隔を空けて徐々に実施するよりも優れていると言われている。この点からもホームワークで実施できることが大きな利点となる。

最後に，エクスポージャーの主要なタイプについて述べる。エクスポージャーにはイメージによるものと，現実によるものが存在する。イメージによるエクスポージャーは，その名の通りクライアントに想像させることを通して行うエクスポージャーである。本来エクスポージャーには現実的であればあるほど望ましいという原則がある。しかしイメージによるエクスポージャーには，現実によるエクスポージャーにはない利点がある。まず1つ目に，恐怖を感じる状況を想像すること

表2　社交不安に対する現実エクスポージャーの実践例

不安を感じる状況	エクスポージャーの実践例
人前で見られること	繁華街を歩く
	賑やかなショッピングモールで買い物をする
	交通量の多い交差点を歩く
スピーチ	授業や講演会などで質問をする
	会議で自発的に発言する
	英会話やコーラスのクラスに参加する
注目を浴びる	人前で大きなくしゃみをする
	授業や会議などに遅れて参加する
	店員の前で長々と注文を考える
	目立つ服装をする
	人前でミスをする（お茶をこぼすなど）
対話	職場で同僚と話をする
	エレベータのなかや並んでいる列で周囲の人に話しかける
	行われている会話に後から加わる
緊張を見せる	わざと手を震わせる
	会話中にわざとどもる

は，現実エクスポージャーの準備ができていないクライアントにとっては比較的取り組みやすい課題となる。セラピストは面接中の会話から比較的容易にエクスポージャーに導入することが可能となる。2つ目はイメージは自由に操作できるという点である。例えば過去の失敗を繰り返すことはできないが，想像のなかで思い出すことはできる。また，一度に多くの人間から叱責されるような場面は現実ではほとんどありえないが，想像のなかで体験することは可能である。

　現実エクスポージャーは，クライアントが回避している状況や場面に対して実際に直面化させるエクスポージャーである。現実エクスポージャーは多くの場合，心理面接室の外で行われる。表2に社交不安に対する現実エクスポージャーの実践例を挙げる。クライアントは先に挙げたような内容について詳細に検討し，エクスポージャーの計画を立てる。その後，立てた計画に沿ってエクスポージャーを実施する。エクスポージャー実施中は，ただ行うだけではなく，同時に自身が感じている恐怖などをモニタリングし記録していく。一

般的にエクスポージャー実施中は，記録をとりながら行われることが多い。エクスポージャー中は安全確保行動や回避行動をとらないことが重要であり，ある程度恐怖などが低下したことを確認して終了するようにする。

　マサ子さんのセッションでは，セラピストはまず面接室においてイメージによるエクスポージャーを実施した。マサ子さんは両親に向かって再び「会社を辞めたいと思っている」と伝える場面を想像した。カウンセラーは彼女にイメージ中は目を閉じイメージに没頭させつつ，今何が見えているか，今起こっているのかを実況するように促し，イメージ中の彼女に起こる変化を詳細に観察した。イメージを開始してすぐにマサ子さんは小刻みに震え，報告する声がどもりはじめた。カウンセラーがSUDs得点を報告させたところ，マサ子さんは95点と答えた。カウンセラーは深呼吸を促しながら彼女にイメージをさらに進めるように伝えた。マサ子さんはその後15分ほどイメージエクスポージャーを行い，SUDs得点が50点程度に低下したことが確認されたところで終了し

た。セッションの最後に，マサ子さんとカウンセラーは自宅内でのエクスポージャーについて相談し，不安で避けていたリビングで一定時間を過ごし，不安感をモニタリングするという現実エクスポージャーをホームワークとして実施することとした。

IV　おわりに

　ここまで，社交不安を主訴に来談したクライアントとのやりとりを例に，エクスポージャー療法の実際について解説を行った。主張行動ができない背景には，スキルの不足だけではなく，評価懸念をはじめとした社交不安症状の影響がある場合もある。こういった場合にエクスポージャー療法は効果的な支援方法のひとつとなる。本稿では紙幅の都合上，詳細な解説は行えなかったが，さまざまな実践上の工夫が記された論文や成書も存在し（例えば，Sisemore, 2012），教材に事欠かない方法である。また，ホームワークで行われていることからもわかるように，クライアント自身がセルフヘルプの方法として行うことも可能であ

る。正しい手続きに則り適切に行われれば汎用性の高い非常に有用な方法なので，ぜひ積極的に活用していただきたいと願っている。

▶文献

大坊郁夫（2006）コミュニケーション・スキルの重要性．日本労働研究雑誌 48-1 ; 13-22.

Golden AS（2013）Shame Attacking Exposure and Experiential Acceptance : A Group Treatment Manual for Social Anxiety Disorder. Palo Alto, CA : Palo Alto University.

原井宏明（2019）エクスポージャー法．In：日本認知・行動療法学会：認知行動療法事典．丸善出版，pp.262-263.

Sisemore TA（2012）The Clinician's Guide to Exposure Therapies for Anxiety Spectrum Disorders : Integrating Techniques and Applications from CBT, DBT, and ACT. Oakland : New Harbinger Publications.（坂井誠，首藤祐介，山本竜也 監訳（2015）セラピストのためのエクスポージャー療法ガイドブック─その実践と CBT, DBT, ACT への統合．創元社）

Sluis RA & Boschen MJ（2014）Fear of evaluation in social anxiety : Mediation of attentional bias to human faces. Journal of Behavior Therapy and Experimental Psychiatry 45-4 ; 475-483.

ACT Matrix から機能的アサーションを見極める

ダイアグラムを用いて

茂本由紀 Yuki Shigemoto

京都文教大学臨床心理学部

I　ACT とは

Acceptance & Commitment Therapy（ACT）は，Hayes, Strosahl & Wilson（1999）によって紹介された第3世代の認知行動療法である。ACT は，機能的文脈主義という科学哲学に基づいている（Biglan & Hayes, 1996）。文脈とは，行動の前におとずれるもの（先行事象）と行動に付随するもの（結果事象）のことであり（Ciarrochi et al., 2016），文脈主義では，全ての事象を今まさに行われつつある文脈のなかの行為としてみなす（Pepper, 1942）。この文脈主義では，事象全体を最も重要なものとみなしている（Hayes, Strosahl & Wilson, 2012）。たとえば，この文章を読むという行動を文脈主義の視点から捉えてみたい。この文章を読むという行為には，文章に触れるという歴史（例：執筆のために検索したらヒットした）と，行動中の状況（例：今まさにこの文章を手に取っている）があり，さらに目的が含まれている（例：この文章から必要な情報を得る）。文脈主義では，行為の性質は，行為の形態ではなく，意図される結果によって定まる。つまり，この例でいうと，この文章をネット上で閲覧しても，紙媒体で閲覧しても，必要な情報を得るという目的は達成されるということである。

この文脈主義には複数の種類があり，そのなかでも ACT は機能的文脈主義を科学哲学として有している。機能的文脈主義とは，心理的な出来事に対して，正確性，範囲，そして深度をもった予測と影響を分析のゴールとしている（Hayes, Strosahl & Wilson, 2012）。機能的文脈主義では，心理的な出来事は，有機体が周囲の文脈のなかで，それらに対して行う相互作用とみなされている。そして，その相互作用に対し，予測して影響を与えることを目指すのである。そのため ACT では，クライエントの問題行動に対して，どのような目的達成の意図があり，その行動がどのような状況のなかで起きているかを予測し，その行動に影響を与えて，変容させることに重きを置いている。

ACT は機能的文脈主義という科学哲学のほかに，人間の言語と認知を捉えるための理論である関係フレーム理論（Relational Frame Theory：RFT）を基礎理論として有している。RFT とは，機能的文脈主義に基づいて人間の認知と言語を捉えようとする理論であり（Hayes, Strosahl & Wilson, 2012），人間の言語や認知を，関係フレーム反応という般性オペラント（反応クラス）から分析や検討を行おうとする枠組みのことで

ある（Hayes, Fox, Gifford et al., 2001）。RFT では，人間の言語や認知を，複数の刺激を特定の関係フレーム（例：等位，反対）を用いて関係づける行動として捉えている。さらに人間は，刺激と刺激を関係フレームを用いて関係づけていき，その関係づけは直接的な学習だけでなく，間接的な学習によって派生していくとしている。ACT では，この RFT の視点から思考や感情を捉え，クライエントが思考や感情とうまく距離を取れるように，そして俯瞰した視点を取得できるように促していく。

　機能的文脈主義と RFT を背景理論とする ACT では，損なわれている状態こそがノーマルであるとしたうえで，一番の問題は，体験の回避であると考える。体験の回避とは，苦痛になると予想される体験を抑制，コントロール，または除去するように促す心理的なルールが内面にあって，意識がそれとフュージョンしていることから生じるものである（Hayes, Strosahl & Wilson, 2012）。例えば，人前で話すとドキドキするので，人前で話す状況を避けるといったようなことである。この体験の回避によって，苦痛が悪化し（Wenzlaff & Wegner, 2000），クライエントの行動の範囲が狭くなる。これによってクライエントの生活の質が低下することを，ACT では問題として扱っていく。

II　ACT の 6 つのコア・プロセス

　ACT では，この体験の回避の代わりとして，6 つのコア・プロセスを通して，自身の苦痛を受け入れ，自身の価値に沿って行動することを促進する。6 つのコア・プロセスには，①アクセプタンス，②脱フュージョン，③文脈としての自己，④今，この瞬間との接触，⑤価値，⑥コミットされた行為，という 6 つがある。

　①「アクセプタンス」とは，価値に基づいた自発的な選択で，私的体験またはそれに伴う可能性が高い出来事に接触し，その瞬間ごとに体験する事柄に対して意図的に，オープンで，受容的で，

柔軟で，批判的ではない姿勢をとることである（Hayes, Strosahl & Wilson, 2012）。つまり，アクセプタンスは体験の回避とは逆の状態を指す。アクセプタンスの状態とは，浮かんでくる思考や感情に抵抗したり，取り除こうとしたりせず，そのまま受容する状態である。思考や感情をアクセプトすることにより，結果的に苦痛を悪化させない状態がもたらされることとなる。

　②「脱フュージョン」とは，人が苦痛で望まないような思考や感情などに不必要に没入するのをやめ，批判的ではない見方を通じて，それらを単に進行中の精神的な活動として眺められるようにするプロセスである（Hayes, Strosahl & Wilson, 2012）。人間は関係フレームづけの能力によって，常に何かしらを思考し，その思考がまるで事実であるかのように受け取る能力を有している。この能力により人は現在の利便性の高い生活を手に入れることが可能となった。しかしその反面，現実と思考との世界を混同してしまい，心理的な問題を引き起こしてしまう。脱フュージョンでは，RFT の視点から，思考は思考，現実は現実として区別して認識することを手助けし，思考への不必要な没入にストップをかける。思考に没入しなくなれば，どう行動していくかを選択する余裕を持つことができるようになる。

　③「文脈としての自己」とは，関係フレームづけのひとつである直示的関係の学習によって獲得される視点取得である（Hayes, Strosahl & Wilson, 2012）。直示とは，文脈によって意味が決まる言語表現を指す。「私－あなた」「ここ－そこ」「今－そのとき」という表現は，どの位置に視点があるかによって，表現が異なってくる。たとえば，母親から子どものいる場所を「そこ」と表現した場合，子どもは，自分のいる場所を「ここ」と表現することとなる。文脈としての自己は，この「私－あなた」「ここ－そこ」「今－そのとき」の寄り集まりによって構成されている（Hayes, Strosahl & Wilson, 2012）。そして，この 3 つの視点が重なり合うと，「私／今／ここ」の視点が

できあがり，「私／今／ここ」の視点から，他者や周囲の環境，自分自身を見ることができるようになる。この視点が養われることで，自分自身を俯瞰し，これからの行動を選択することができるようになる。

④「今，この瞬間との接触」とは，今，展開している事柄に対して，注意深く，自発的で，柔軟な姿勢で向き合うことである（Hayes, Strosahl & Wilson, 2012）。人は，関係フレームづけの能力を用いて，今，目の前にはない過去のこと，未来のことを考え，過去の出来事を反省し，未来に起こることに備えることができる。一方で，未来や過去のことに注意を向け過ぎると，今に留まることが難しくなる。そのため，今，この瞬間の環境への随伴性に敏感になれず，適応的な行動が発生しにくくなる。今，この瞬間との接触では，注意を意識的に動かすという練習をする。注意を意識的に，今，この瞬間に向けることによって，現実を正確に把握し，適応的に行動することを促していく。

⑤「価値」とは，自由に選ばれるものであり，進行中で，動的で，徐々に展開していく活動パターンがもたらす言語的に構成した結果と定義される（Hayes, Strosahl & Wilson, 2012）。価値は，人が人生を歩むうえで，どのような方向に進んでいくかを指し示す指針となる。そのため，価値を明確化することで，今，この瞬間に自分が大事にしたい人や物が何なのかが明確になり，どのような行動をするかという選択ができるようになる。

⑥「コミットされた行為」とは，価値に基づく行為であり，時間における特定の瞬間に起こり，価値に役立つ行動のパターンを生成することと意図的に結びつけた行為と定義されている（Hayes, Strosahl & Wilson, 2012）。コミットされた行為では，この瞬間に価値に沿って行動していくことを続けていく。たとえば，家族を大切にするという価値に沿う場合，今，仕事をしているという瞬間であっても，家族のことを思いやり，早く帰宅できるよう，仕事に邁進することになる。コミッ

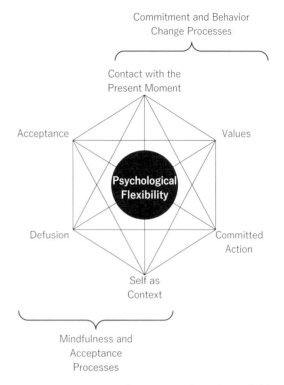

図1　ヘキサフレックス（Hayes et al.（2004）より抜粋）

トされた行為では，今，この瞬間の行動を決定し，実行しつづけていくことで，クライエントが価値に向かって進むことを援助していく。

ACT では，以上の6つのコア・プロセスを用いて，介入を進めていく。この6つのコア・プロセスが機能することで，思考や感情をアクセプトし，価値に向かって行動し，心理的柔軟性を高めていくことができる。そして，クライエントが，そうありたいと望む人生へ進むプロセスを援助していくこととなる。

III　ACT Matrix

ACT Matrix は，Polk & Schoendorff（2014）によって紹介された，ACT をより運用しやすくするためのツールである。ACT は，うつや強迫性障害，不安症に効果が示されている心理療法である（APA, 2020）。しかし，その背景理論として機能的文脈主義や RFT があることから，理解の難しさがあった。そのため，ACT がどのよう

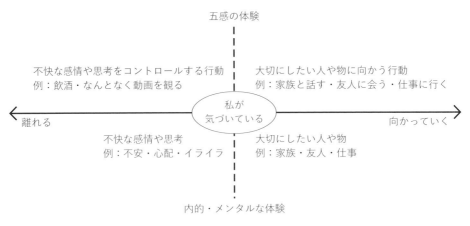

五感の体験

不快な感情や思考をコントロールする行動
例：飲酒・なんとなく動画を観る

大切にしたい人や物に向かう行動
例：家族と話す・友人に会う・仕事に行く

私が
気づいている

離れる

向かっていく

不快な感情や思考
例：不安・心配・イライラ

大切にしたい人や物
例：家族・友人・仕事

内的・メンタルな体験

図2　ACT Matrix のダイアグラム

に心理的柔軟性を高めているかを表すモデル図として，図1のヘキサフレックスが使用されてきた（Hayes et al., 2004）。この図はセラピストなどの専門家が ACT を理解するうえでは大変有用ではあるが，臨床場面において治療を促進するツールにはあまり適していなかった。そこで，臨床場面で心理的柔軟性を高められるツールとして，ACT Matrix が開発された（Polk & Schoendorff, 2014）。

ACT Matrix では図2のダイアグラムを使用する。ダイアグラムは，クライエントが視点取得できるようになることを促し，心理的柔軟性を高めることを目的に使用される。ダイアグラムは，図2にあるように，2本の線で構成される。垂直の破線は体験の線であり，水平の実線は行動の線である。垂直の線では，上側が五感の体験であり，下側が内的・メンタルな体験となる。水平の線では，右側が大切にしたいと考えている人やことに向かっていく行動で，左側がそこから離れていく行動となる。そのため，左下は不快な思考や感情，左上は不快な思考や感情をコントロールしたり回避したりするための行動，右下は人生で大切にしたい人やこと，右上は人生で大切にしたい人やことに向かっていく行動が分類される。このダイアグラムはヘキサフレックスに対応するとされ

ており，Polk & Schoendorff（2014）では，以下のように説明されている。ダイアグラムの左下は脱フュージョンであり，左上はアクセプタンス，右上はコミットされた行為，右下は価値に該当する。さらに ACT Matrix における五感の体験は，ヘキサフレックスにおける「今，この瞬間との接触」に対応し，内的・メンタルな体験は，文脈としての自己に対応している。

ACT Matrix では，図2のダイアグラムを使用しながら，ACT の介入を進めていく。Polk et al.（2016）では，6つのステップで，ACT Matrix を進める方法が紹介されている。ここでは，ダイアグラムを中心に，どのように介入が進むのか，6つのコア・プロセスと対応させながら紹介する。なお，紙数の関係上，エクササイズやメタファーおよび介入がどのコア・プロセスと結びついているかという一側面のみを紹介する。ACT の6つのコア・プロセスはそれぞれが独立したものではなく，緩やかに関わり合っている。そのため，コア・プロセスに一対一対応したエクササイズやメタファーがあるわけではないということを心に留め置いていただきたい。より詳細な進め方やエクササイズ，メタファーの使い方については，Polk et al.（2016）を参照いただきたい。

ACT Matrix では，ダイアグラムを用いて，ク

ライエントの視点取得（文脈としての自己），トラッキング(今,この瞬間との接触)，脱フュージョン，価値のオーギュメンティング（価値とコミットされた行為）を促進していく。まず，クライエントの視点取得では，ダイアグラムを導入することで，価値に目を向けて，価値に沿って行動するという今までクライエントが有していなかった視点を提供する。この視点を示すことで，思考や感情を取り除くという発想からクライエントが語らないようにする。そして，クライエント自身の体験をマトリクスに結びつけることを促進し，文脈としての自己の獲得を促す。クライエントの多くは俯瞰的に自身を見ることができていない。そこで，クライエントに自分の体験や自己の感覚を，ACT Matrix に結びつけさせ，俯瞰的な視点を獲得してもらう。俯瞰的な視点の獲得には，RFTの直示的フレームが必要となる。このフレームには，「ここ‐そこ」「今‐そのとき」「私‐あなた」が含まれている。ACT Matrix では，「私‐今‐ここ」の位置から，「あなた‐そこ‐そのとき」の視点で自身の体験を眺める練習をすることで，視点取得を促していく。

　トラッキングでは，ダイアグラムを用いて，価値から離れる行動の機能を短期的効果と長期的効果の視点から検討し，トラッキングを強化していく。トラッキングとは，ルールと，そのルールとは独立した環境の随伴性が一致しているという履歴のコントロール下にあるルールに従う行動と定義される（Hayes, Barnes-Holmes & Roche, 2001）。このトラッキングを促すことで，今，この瞬間の随伴性に敏感に反応できるようになり，今，この瞬間との接触を促すこととなる。

　脱フュージョンでは，思考や感情はコントロールできないものであり，コントロールしようとすればするほど思考や感情に絡め取られてしまうという，メタファーやエクササイズを通して，思考抑制の逆説的効果（Wegner et al., 1987）への気づきを促す。さらに，思考や感情に引っかかったことに気がつき，そこからどう行動するかを選択

する練習によって，思考は思考，感情は感情と捉え，行動を選択する余地を生み出していく。

　価値のオーギュメンティングでは，「言葉の合気道」のエクササイズを通して，価値に接触させることで，オーギュメンティングの機能を強めていく。オーギュメンティングとは，ある出来事の持つ結果としての機能の程度を変える，ルール支配行動のひとつである。たとえば，もともと大好きな映画ではあるが，久しくその映画に触れていなかったとしよう。そして，その映画のなかの名言をたまたま見かけた際に，その映画が久しぶりに見たくなるといったものがオーギュメンティングである。「言葉の合気道」を使用して，価値から離れる行動をした際に，価値の機能に接触することで，価値に向かう頻度を増加させていく。

　ここまでで，ACT Matrix がどのようなものかを概観した。ACT Matrix では，クライエント自身の気づきを強化することを重視している。それは，クライエントがトラッキングで行動できるようになるように促し，視点取得を促し，価値に触れつづけることを促すためである。こうすることで，クライエントは，機能的でかつ文脈的な視点から，俯瞰的に自分自身を捉え，価値に向かううえで機能する行動を選択していけるようになるのである。

Ⅳ　アサーションと ACT Matrix

　アサーションは，話し手の本音を率直に伝える自己表現とされている（平木，1993）。そのため，アサーションでは，自己の権利を率直に表現することが求められている。しかし，Markus & Kitayama（1991）が主張するように，日本の文化は，協調性を重んじており，相互協調的自己感が優勢である。つまり，日本では，主張を通すよりも，集団としての協調性を重んじる傾向が強いといえる。三田村・松見（2010）では，日本文化の文脈を考慮し，自分の意見を率直に表現するアサーションではなく，機能的アサーションが有効であることを提唱した。

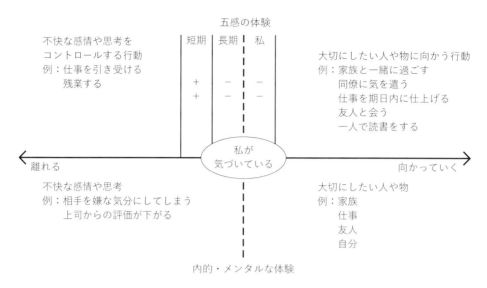

図3　架空事例Aさんの ACT Matrix のダイアグラム

機能的アサーションは，課題達成と語用論的配慮で構成されている。課題達成とは，自己表現の結果，話し手が期待した効果を得ることを意味する（三田村・松見, 2010）。これは機能的文脈主義と一致する考えであり，行動の形態がどのようなものであっても，目的が達成されるのであれば，それらの行動は同一の機能を有しているとみなす。そして，語用論的配慮とは，聞き手がその自己表現をより適切だと捉えることを意味する（三田村・松見, 2010）。これは，文脈に応じて，聞き手が適切だと判断できるように，「すみません」や「よろしければ」といった表現を加えて自己表現するというものである。この語用論的配慮も機能的文脈主義に沿うものだといえる。語用論的配慮を行うというのは，目的を達成するために，聞き手の状況に応じて，行動の形態を変化させることに相当するといえる。つまりは，課題が達成されるのであれば，率直な自己表現から，相手を配慮する表現を含んだ自己表現まで幅広い選択肢のなかから，文脈（相手）に応じて選択すればよいということである。また，語用論的配慮には，相手の立場に立つ必要があることから，視点取得の能力も必要であるといえる。以上より，機能的ア

サーションをクライエントが身につける方法として，ACT および ACT Matrix が有用であると考えられる。ここからは，ACT Matrix の視点でアサーションを扱う架空事例を見ていきたい。

今回の架空事例として，Aさんの事例を設定する。Aさんは，幼少より相手から頼まれたことを断るのが苦手であった。大人になった今でも仕事において頼みごとをされると断ることができず，能力以上の仕事を引き受けてしまう。そのため，仕事の量が常に多く，いつも締め切りぎりぎりになることから，残業も多い。帰宅時間が常に遅くなるため，夫や子どもとの時間が十分に取れない。家庭での時間が十分に取れないことから，先日も夫と口論になった。この架空事例についてダイアグラムを描くと図3のようになる。Aさんの価値（右下）は，家族，仕事，友人，自分であり，コミットされた行為（右上）は，家族と一緒に過ごす，子どもの面倒をみる，同僚を気遣う，仕事を期日内に仕上げる，友人と会う，一人で読書をするといったことである。一方で，Aさんが価値に向かおうとすると，仕事を断ると相手を嫌な気分にしてしまう，上司からの評価が下がるという思考が出現してくる（左下）。そうするとAさ

んは，仕事を引き受ける，残業するという行動を
とる（左上）。

　A さんには，ダイアグラムを通して，自分の
状況を俯瞰的に眺めてもらい，価値から離れる行
動の機能を検討してもらった。左上の短期の欄が
＋になっていることから，仕事を引き受けた直後
は，左下に分類される不快な思考や感情は出てこ
ないと A さんは判断した。しかし，長期の欄が
－であることから，結局は仕事が仕上がらないた
め，左下に分類される不快な思考や感情が戻って
きてしまう。さらに，左上の離れる行動は，「私」
の欄が－になっていることから，価値に向かう行
動として機能していない。このようにして A さ
んは，価値から離れる行動の機能に気がついて
いった。

　やがて A さんは仕事を引き受ける行動が価値
に向かううえでは機能していないことに気がつ
く。むしろ，無理な仕事を断ることが，仕事を期
日内に終わらせ，家族との時間を持つことにつな
がり，家族と仕事の両方の価値に向かう行動にな
ることに気がついていく。ここで注目してほしい
のが，向かう行動のなかに「同僚を気遣う」とい
うものがある点である。この点は，同僚からの頼
みを断ることと，一見，矛盾するように見えるか
もしれない。しかし，これは，語用論的配慮を検
討する絶好のチャンスといえる。クライエントは，
自分の置かれている文脈を考え，どのような語用
論的配慮をすれば，同僚を気遣い，かつ期日内に
仕事を仕上げ，家族との時間を持つことにつなが
るかを考えることとなる。そして，語用論的配慮
と課題達成の両方を含んだ機能的アサーションの
行動は，複数の価値に向かう行動となりうるとい
う視点から，クライエントは行動を選択していく
ことが可能となる。

　以上より，ACT Matrix は，三田村・松見（2010）
が提唱した機能的アサーションを実現するツール
として，大変有用だといえる。ACT の科学哲学
である機能的文脈主義は，機能的アサーションと
一致している。そのため，ACT を用いて機能的

アサーションをクライエントに身につけてもらう
ことは，妥当だといえる。さらに，ACT Matrix
では，視点取得も促していく。そのため，聞き手
の立場に立つという語用論的配慮も同時に促して
いきやすい。つまり，ACT Matrix では，語用論
的配慮と課題達成という一見すると矛盾しそうな
ことであっても，価値に向かうという視点から，
両方を含んで行動するという選択を採ることを可
能にするのである。

▶ 文献

American Psychological Association Davison12（2020）Quick Links : Society of Clinical Psychology. Retrieved from https://div12.org/［2021 年 1 月 4 日閲覧］

Biglan A & Hayes SC（1996）Should the behavioral science become more pragmatic? : The case for functional contextualism in research on human behavior. Applied and Preventive Psychology : Current Scientific Perspective 5 ; 47-57.

Ciarrochi J, Zettle RD, Brockman R et al.（2016）Measure that make a difference A functional contextualistic approach to optimizing psychological measurement in clinical research and practice. In : RD Zettle, SC Hayes, D Barnes-Holmes et al.（Eds）The WiLey Handbook of Contextual Behavioral Science. MA : Wiley Blackwell.

Hayes SC, Barnes-Holmes D & Roche B（2001）Relational Frame Theory : A Post-skinnerian Account of Human Language and Cognition. New York, NY : Plenum Press.

Hayes SC, Fox E, Gifford EV et al.（2001）Derived relational responding as learned behavior. In : SC Hayes, D Barnes-Holmes & B Roche（Eds）Relational Frame Theory : A Post-skinnerian Account of Human Language and Cognition. New York, NY : Plenum Press.

Hayes SC, Strosahl KD, Bunting K et al.（2004）What is acceptance and commitment therapy?. In : SC Hayes & KD Strosahl（Eds）A Practical Guide to Acceptance and Commitment Therapy. New York : Springer, pp.3-29.

Hayes SC, Strosahl K & Wilson KG（1999）Acceptance and Commitment Therapy : An Experiential Approach to Behavior Change. New York : Guilford Press.

Hayes SC, Strosahl KD & Wilson KG（2012）Acceptance and Commitment Therapy : The Process and Practice of Mindful Change. New York : Guilford Press.

平木典子（1993）アサーショントレーニング―さわやかな

「自己表現」のために．日本・精神技術研究所．

Markus HR & Kitayama S（1991）Culture and the self : Implications for cognition, emotion, and motivation. Psychological Review 98 ; 224-253.

三田村仰, 松見淳子（2010）相互作用としての機能的アサーション．パーソナリティ研究 18 ; 220-232.

Pepper SC（1942）World Hypotheses : A Study in Evidence. Berkeley : University of California Press.

Polk KL & Schoendorff B（2014）ACT Matrix : A New Approach to Building Psychological Flexibility across Settings & Populations. Oakland : New Harbinger.

Polk K, Schoendorff B, Webster M et al.（2016）ACT Matrix : A Step-by-step Approach to Using the ACT Matrix Model in Clinical Practice. Oakland : New Harbinger.

Wegner DM, Schneider DJ, Carter SR et al.（1987）Paradoxical effects of thought suppression. Journal of Personality and Social Psychology 53 ; 5-13.

Wenzlaff RM & Wegner DM（2000）Thought suppression. Annual Review of Psychology 51 : 59-91.

告知……**第 24 回（2021 年度）森田療法セミナー開催のお知らせ**

内容：このセミナーは，森田療法初心者向けのものです。森田療法の基本的な理論と治療の実際についての講義を行います。本セミナーは，日本森田療法学会公認です。

日時：2021 年 5 月〜 10 月（全 10 回）木曜日 19：00 〜 21：00

開催方法：オンラインセミナー（Zoom による）

受講対象者：メンタルヘルスに従事されている方，具体的には医師，公認心理師，臨床心理士，カウンセラー（学生相談，スクールカウンセラー，産業カウンセラーなど），ソーシャルワーカー，精神保健福祉士，教育関係者，その他森田療法セミナー資格審議会が適当と認めた方です。原則的には，症例に対する守秘義務を持つ職業に就いている方。

受講料（テキスト代 3,200 円含む）：医師 60,000 円，メンタルヘルス従事者 40,000 円，大学院生（医師・社会人大学院生は除く）20,000 円

問い合わせ先：〒 194-0298　東京都町田市相原町 4342
　　　　　　　法政大学現代福祉学部久保田研究室内　森田療法セミナー事務局
　　　　　　　E-Mail：morita.seminer@gmail.com
　　　　　　　お問い合わせ，ご連絡は事務局まで e-mail にてお願い致します。
　　　　　　　行き違いを避けるため，お電話によるお問い合わせはご遠慮ください。

[特集] アサーションをはじめよう──コミュニケーションの多元的世界へ

普段使いの機能的アサーション
パートナーへの家事・育児の引き継ぎを例に

三田村仰 Takashi Mitamura

立命館大学総合心理学部／個人開業

I　はじめに

　カウンセリングや心理療法において最初にボツになる目標は,「相手に変わってもらいたい」である。なぜなら,カウンセリングで扱うものは依頼に出向いているその人自身に関することであるべきであって,相手に変わってもらうことは適切な目標とはなりえないからだ。機能的アサーションとは,自分自身の目標をより効果的に達成し,その際,相手の心情を不必要に侵害しないコミュニケーションのことである。なお,ここでの「機能的」とは「効果的」と置き換えてもらって差し支えない。機能的アサーションを目指すということは,相手に影響を与えようとすること(機能すること)を意味していて,カウンセリングや心理療法の目標としては,一見,不適格にみえるかもしれない。しかしここでの目標は,機能的アサーションを目指す上での態度,「機能的アサーティブな態度」を身につけることにある。機能的アサーティブな態度とは,相手に応じた可能な限りの配慮をしながらも(宇佐美,2021),何よりも自分自身にとって大切な物事のために,工夫や挑戦をいとわず,相手や周囲に働きかけつづける一連の過程である。機能的アサーティブな態度は,結果

的に,機能的アサーションが繰り出される可能性(確率)を高め,さまざまな対人場面で広く有用なライフスキルとなる。

　本稿では,読者に機能的アサーションの実際のイメージを掴んでもらうことを目的に,さまざまな対人場面から,「妻が夫に対し家事・育児を分担してもらえるよう働きかける」という状況に焦点を当てる。異性間カップルにおいては,伝統的に男女で家事・育児分担が不均衡であり,カップル関係の質を低下させる一因となっている(三田村,2020a)。また調査研究からは妻の自己表現の能力が高いほど,妻は夫からより多くのサポートを得ており,育児不安も低い傾向にあることが示されている(石・桂田,2006)。なお,本稿では読みやすさという便宜上,家事・育児を主に担っている人物を「妻」,そうでない人物を「夫」とする。ただし,実際にはカップルの役割がこれと反対の場合もありうるため,読者には適宜,「妻」を「私」,「夫」を「相手」,「家事・育児」を単に「家事」や「特定の仕事」など柔軟に読み替えていただきたい。そうすることで,同性カップルはもちろん,親子や上司部下の関係に置き換えて,機能的アサーションの発想をより身近に感じてもらうことができるだろう。なお,機能的アサーショ

ンについてのトレーニングは発達障害児の保護者および大学生を対象に有効性が示唆されているが（三田村・田中，2014），ここで示す家事の引き継ぎに関する具体策や方法論については，現時点でエビデンスの確認されたものではなく叩き台であることをお断りしておく。

II 「機能的アサーションの3原則」と 「循環する3ステップ」

本稿で紹介する「機能的アサーティブな態度」をもう少し具体的にした指針として「機能的アサーションの3原則」（三田村，2020b）がある。それぞれについて説明しよう。

1 原則1：相手を認める

相手の振る舞いや態度が自分にとって望ましくないということは取り立ててめずらしくない。仮にそうであっても，相手の人格を否定するのではなく，相手がそのように振る舞うに至った経緯や状況があることに思いを巡らせる発想が大切である。また，「"失敗"で説明がつくことに，わざわざ悪意を見出すべからず」（ハンロンの剃刀）という言葉があるように，至らない相手の振る舞いや態度を，過剰に，"悪意"として捉えてしまわないことも有用であろう。カップルの例でいえば，子どもが生まれて早々に妻は母親への移行を迫られるのに対し，夫が父親として機能するのには一般的にタイムラグがあると指摘される。だが，速やかに「父親」として育児や家事に取り組む姿勢にならない夫に対し，その人格を疑ったり，否定することはおそらく有用でない。日本の企業文化，夫の育った家庭環境，夫の周囲の友人や同僚といった環境が夫の振る舞いに影響しているとあえて考えるのである。場合によっては，父親と母親とでは体内環境（ホルモンバランスなど）が異なることも一因と考えることもできるかもしれない。また，相手がおこなう家事・育児が不十分な状況において，「できて／やってあたりまえ」という捉えることは必ずしも有用ではない。そう

いった考えが生じたら一旦，受け流し（「脱フュージョン」（茂本，2021）と呼ばれる），相手の振る舞いや態度を憎むことがあっても，その人格までも否定しないことが重要である。

2 原則2：自分の気持ちに素直でいる

機能的アサーティブな態度とは，自分の人生を主体的に生きようとする態度である。言い換えるなら，誰かが自分の希望を察して動いてくれるという幸運に賭けるのではなく，自分自身にとって本当に必要なことを明らかにして，最大限自身のニーズに応えようとする態度である。人はしばしば自分の本当の希望を抑えつけたり，誤魔化してみせることに長けている。たとえば，カップルの例でいえば，現状ではどう考えても家事・育児を自分が独りで抱え込み逼迫している一方，相手にはかなり余裕がありそうに見えることもあるかもしれない。本当は不満を抱えながらも，「家事は自分がしなければいけない」と自分に言い聞かせ，二人の生活をなんとか続ける道を，意図せず選んでしまっているかもしれない。たとえば，なんとなく気持ちがモヤモヤしたり苛立つときは，自分自身が抱く違和感の元を探り，それを少なくとも自分自身には率直に伝えることが有用であろう（岩壁，2021）。相手に依頼や相談しようとすることに付き纏う不安や苛立ちに惑わされることなく，何が自分自身に必要であるのかを素直に紐解くのである。どんなときにも自分自身に対して素直でいるということは，自分自身の目標から決して目を逸らさないことだともいえる。

3 原則3：工夫しながらやってみる

機能的アサーションにおいて最も重要なのが，工夫しながらやってみる態度である。コミュニケーションとは相手との相互作用である。相手に対し，心の中でだけ感謝したり，相手がわかってくれるのをただ胸の内で待っているとき，そこではまだコミュニケーションは成立していない。人と人とのコミュニケーションは常に不完全で不正

確である。むしろコミュニケーションにおいて大切なことは，絶え間ない相互作用のなかでお互いを理解し合い，お互いにとってのベストを探りつづけようとする態度にある。また，誰もがコミュニケーションの仕方にクセをもっているため，同じような上手くいかないパターンにはまり込むこともめずらしくはない。そこで，うまくいかないときほど新たな工夫をしながら，相互作用を続けていくことが機能的アサーションの重要な態度なのである。カップルの例で言えば，相手に「言っても結局やってくれない」で終わらせるのではなく，むしろそこからスタートする態度が有用であろう。

III　機能的アサーションのための
　　循環する3ステップ

　機能的アサーティブな態度はより具体的な3ステップの循環に置き換えることもできる。各ステップは，ステップ1：方向性と目標を定める，ステップ2：機能的アサーションの形を予測する，ステップ3：予測した形を実行する，であり，相手との実際のやりとりを通してこのステップを何度も何度も循環させていく。

1　ステップ1：方向性と目標を定める（何を達成したいか？）

　機能的アサーションを目指す上で，最初に必要になるのが方向性と目標の設定である。普段の対人関係において，ある程度うまく回っているときにはわざわざ目標を定める必要もないだろう。しかし，いつも望まないお決まりのパターンにはまってしまうとき，ここぞというとき，今より関係を変えていきたいといったときには，目標を明確にすることが役に立つ。たとえば，しばしば妻は「夫に理解してもらいたい」と期待するかもしれない。これは重要なニーズではあるが，目標としては少し整理が必要である（田中，2021）。一見シンプルなこの目標には「私の置かれた状況を的確に捉え，その負担感に共感し，それをねぎらっ

た上で，思いやりをもって，日々の家事・育児に主体的に取り組んでもらいたい」「かつ，できればこちらからの明確な指摘がなくとも察して動いてほしい」といった複数の目標があいまいかつ複雑に入り混じっているかもしれない。このすべてを1回の働きかけで達成するのは現実的ではない。そこで，自分自身にとって現在，最も大切なことがどれであるかを自分自身のなかで最大限率直に指し示すことが有用である。本稿では，ひとつのありうる例として，長期目標として「日々の家事・育児に主体的に取り組んでもらうこと」を設定し，そこへの道筋となる中期目標として「具体的にいくつかの家事・育児を担当してもらうこと」，短期目標として「現在，こちらが担っている家事・育児の状況をおおよそ理解してもらうこと」「具体的に現段階でどの家事・育児がどの程度可能であるか，最小の負荷の家事を明確にすること」「相手の現状についての認識を教えてもらうこと」と設定する。

2　ステップ2：機能的アサーションの形を予測する（どうアサーションする？）

　ステップ1で定めた目標を効果的に達成するために，実際にどう相手に働きかけるか，つまり機能的（効果的）なアサーションの方法について検討する。機能的アサーションの形（仕方）を検討するには，言語的表現（例：言葉の内容，言い回し），パラ言語表現（例：声色，抑揚），さらに非言語的表現（例：身振りや表情）を意識することが有用である。また，「空間的な工夫」として，どういった環境を設定するか（例：テレビを消して食卓で着席して），どういったモノが使えるか（例：Webページの資料や書籍の提示）を検討したり，「時間的な工夫」として，伝える時間帯やタイミング（例：週末の昼），相手とのやりとりを通して相談形式で進めること（一方的に伝えるのではなく）が挙げられる。加えて，時間的な工夫としては，小さな準備（例：家事・育児によりかなり無理が来ていることを示唆する）から始めて，日

（例：家事・育児の分担について検討してほしいことの提案），週（例：具体的な分担についての提案），月（例：相手がおこなっている家事・育児の洗練化）などの単位で，徐々に目標に近づけていくという発想をすることも有用である。

どのようなアサーションが機能的であるかを予測する上では，①一般的な情報から推論する方法と，②実際の相手の反応から予測する方法とを組み合わせるのが妥当である。ここでは紙幅の都合上，一般的な情報から推論する方法についていくつか簡単に紹介する。(a) **話し合いの仕方**：カップルについての大規模研究をおこなったGottman（2011）によれば，相手を批判するのではなく，自分の気持ちと相手に具体的に何を希望するのかを明確にして伝えること，またポイントとして，できるだけソフトに話を切り出すことが効果的である。(b) **価値観や信念の相違**：カップルにおける家事・育児の配分については，一般的に夫は自分の両親をモデルとしてその比較で自身の家事の貢献度を見積もり（しばしば“高い”と見積もられる），妻はカップルにおける公平さから夫の家事の貢献度を見積もる（しばしば“非常に低い”と見積もられる）。したがって，ここに大きなギャップが生まれる。そこで，カップルでの話し合いでは，最初に家事の貢献度についての基準がお互いにズレていないかを明確に確認し合うというのもひとつである。(c) **実際の家事に関わる状況**：実際の家事・育児を取り巻く状況について把握しておくことも有用である。一般的に日本の会社員は仕事時間が長く，通勤も合わせるとこうした負担が家事・育児の従事時間を抑制する一因でありえる。また，家庭を清潔に保つことは男性より女性でより重視される傾向がみられ（Gottman, 2011），夫の育児に対し，妻が批判的に応じるという現象（マターナル・ゲートキーピング）も指摘されている。行動分析学の観点から見れば，夫が家事・育児をおこなった結果，かえって妻から批判を受けるような事態は，夫においてその家事・育児を行うべきかどうかという葛藤状態をもたらすと考えられる。そうした一般的な情報から考えると，夫が家事・育児の分担を実行した際には，相手に完璧を求めることなく，仮に不完全な取り組みであれ，まずはねぎらいの言葉をかけるくらいのほうが方法としては効果的かもしれない。また，共に生活するカップルであっても，お互いの仕事や時間の使い方について明確に理解し合えているとは限らない。そこで，たとえば，妻が担っている家事の総量を視覚的に夫に伝えることがひとつには有効かもしれない。存在する全ての家事・育児をできるだけ細かく列挙し，それぞれをどちらが担当しているのか書き出したり，マーカーで色分けした図や表を作成するだけでも，現状をわかりやすく共有するのに役立つだろう。

これらを踏まえ，予測された機能的アサーションの型として以下のような一案を挙げておこう。

予測された機能的アサーションの型：夫の比較的余裕のあるタイミングを狙って，家事・育児が負担であることをソフトに伝え，それについて夫の認識を尋ねる。その上で，有用そうであれば現状での家事・育児の分担リストを作成し，再度，夫にそれを見せて説明する。夫と家事の分担について話し合い，実際に夫がそれを実行してくれればねぎらう。夫が忘れそうであれば先に声かけする。

3　ステップ3：予測した形を実行する

ステップ3では，いよいよステップ2で計画したアサーションの型を実行に移す。なお，実行するにあたっては，事前に伝えるべきことを書き出したり，イメージトレーニングやシミレーションを重ねておくと特に有効である（三田村・田中，2014）。実際にアサーションを実行してみると相手の反応が想定と違うこともある。そのため，必要に応じて目標や方法を変えるといった臨機応変さは当然ながら必要である。ただし，それと同時に，あくまでも自分自身の大きな方向性は見失わないようにすべきであろう。たとえばいざ伝えよ

うという段になって，相手の表情を見て怯んでしまい，「この家事はそもそも私がやるべきだ」「私が我慢すれば済む話だ」などとアサーションを実行しない自分に言い訳をしてみたり，相手の反応に対して怒りや苛立ちで返すといったその場の感情に呑まれることは避けたい。ここではACT Matrix を活用することも有効だろう（茂本，2021）。

　ある程度，夫の了解が得られ，いざ夫が特定の家事を遂行・育児をおこなったとしよう。ここではまだアサーションは終わっていない。相手がそれを遂行してくれたときには，相手に伝わる形でねぎらいを表現することも計画通りに実行したい。一般的に言って，この段階では多くの妻が夫のおこなった家事の不十分さに不満を抱く傾向が指摘されている。それにもかかわらず，まず最初のステップとして相手の振る舞いを認め，安定してその家事・育児が遂行されるようになってから，次のステップとして完成度を上げていくことが理想的である。ここでも再び，相手に対する苛立ちや不満，怒りが湧く可能性があるが，やはり大きな目標のためにはそうした感情や考えを一旦保留するスキルが必要だろう。ここで相手の家事・育児の不備を責めるようなことをすれば，せっかく植えた小さな苗を自身の手で雑草と一緒に根こそぎ掘り返すような事態になってしまうかもしれない。

IV　まとめ
——変えられることと変えられないこと

　機能的アサーションの発想は，ものごとには変えられない部分と変えられる部分があることを前提としている。Gottman（2011）らの面接調査によれば，関係を維持しているカップルであってさえ 69％は 10 年後の面接でも同じ課題，つまり解決不能な課題を抱えつづけていた。原則的に，人は相手を変えられないのである。一方で，相手に対し自分がどのように反応するか，その瞬間瞬間のアサーションのあり方は自分自身の手に委ねられている。つまり，"変えられるもの"とは自分自身のアサーションである。自分と相手とを尊重した機能的アサーションという努力の継続は，お互いの行動を少しずつ変えながら，より良い二人のバランスへとつながるだろう。そしてそうした手間のかかるコミュニケーションに投資しつづけることこそが，カップルとしての関係を続けるという選択なのかもしれない。

▶注記
本研究はJSPS科研費 JP20K03427の助成を受けたものです。

▶文献
Gottman JM（2011）The Science of Trust : Emotional Attunement for Couples. W.W. Norton.
石暁玲，桂田恵美子（2006）夫婦間コミュニケーションの視点からの育児不安の検討—乳幼児をもつ母親を対象とした実証的研究．母性衛生 47-1 ; 222-229.
岩壁茂（2021）自分の気持ちがわからない……—エモーション・フォーカスト・セラピー（EFT）．臨床心理学 21-2 ; 157-163.
三田村仰（2020a）ディスコース・ポライトネス理論からみた「（家事・育児）手伝おうか？」が生み出す夫婦間葛藤についての考察—テレワーク時代の円滑な夫婦感コミュニケーションのために．ワークショップ「ウィズコロナ時代のコミュニケーションを考える—SDGs の達成に向けて社会言語科学に何ができるか」第 45 回社会言語科学会.
三田村仰（2020b）機能的アサーションとは何か？．心身医学 60-8 ; 669-673.
三田村仰，田中善大（2014）発達障害児の保護者向け機能的アサーション・トレーニング—相互作用を強調したロールプレイ・アセスメントによる追試的検討．行動療法研究 40-2 ; 1-10.
野末武義（2021）大切な人とのアサーティブな関係を築く—カップル・セラピー．臨床心理学 21-2 ; 164-169.
茂本由紀（2021）ACT Matrix から機能的アサーションを見極める—ダイアグラムを用いて．臨床心理学 21-2 ; 177-184.
田中善大（2021）コミュニケーションの発想を広げる—行動分析学．臨床心理学 21-2 ; 190-195.
宇佐美まゆみ（2021）相手とのちょうどいい距離感を掴む—ディスコース・ポライトネス理論（DP 理論）．臨床心理学 21-2 ; 196-202.

[特集] アサーションをはじめよう──コミュニケーションの多元的世界へ

コミュニケーションの発想を広げる

行動分析学

田中善大 Yoshihiro Tanaka

大阪樟蔭女子大学児童教育学部児童教育学科

I　行動分析学に基づくアサーションの概念化

　機能的アサーションは，行動分析学に基づく概念である（三田村，2020）。行動分析学では，どのような行動をしたのかといった行動の形態よりも，その行動の結果としてどのような環境変化が起こったのかといった環境に対する行動の機能（影響）に注目する。アサーションにおいて行動の機能に注目するというのは，話し手がどのような発言（行動の形態）をしたのかよりも，その発言の結果，聞き手（話し手にとっての環境）にどのような影響があったのかに焦点を当てることである（図1）。機能的アサーションとは，行動分析学に基づいて，話し手の行動よりも聞き手の行動に焦点を当てる形でアサーションを捉え直した概念なのである。

　機能的アサーションは，聞き手の行動への影響として，話し手の目標の達成（「課題達成」）をより促進することと合わせて，聞き手にとってより適切であると評価される（「適切性」）ことを目指すコミュニケーションである。課題達成も適切性も，ともに聞き手の行動への影響に焦点を当てたものであるため，機能的アサーションでは，アサーションか否かの判断を，話し手の発言内容に

よってではなく，発言を受けた聞き手の行動から考える。たとえば，妻が夫に対して家事をしてほしい（話し手の目標・課題）と伝える際に，妻が夫に対して何と言ったのかではなく，妻の発言の結果として夫がどのように行動したのか（家事を分担して行うのか否か）によって，妻の発言がアサーションとして機能したのか否かを考えるのである。もし妻の発言の後，夫が家事を行った場合は，「課題達成」という点において妻の発言は機能したことになるが，もし家事を行わなかった場合は，妻の発言は機能しなかったことになる。同時に，夫に対して，妻の発言の適切さの評価を求めた場合に，夫が適切だと評価した場合は「適切性」という点において妻の発言は機能したことになるが，夫が不適切だと評価した場合は機能しなかったことになる。

II　行動分析学に基づく
機能的アサーションの実践

　行動分析学の枠組みは，機能的アサーションの概念化に貢献するだけでなく，機能的アサーションの実践を進めるうえでも有効である。行動分析学では，さまざまな問題の解決を図る際に，具体的な行動とその前後の環境に注目する。問題を

先行事象（A）　　　　　行動（B）　　　　　後続事象（C）

［聞き手：夫］
テレビを観ている

［話し手：妻］
家事をしてほしいと
伝える

［聞き手：夫］
家事をする（↑）

話し手の行動の形態　　　話し手の行動の機能

図1　話し手の行動の形態と機能

測定可能な具体的な行動として捉え，その行動の改善をもたらす環境を明らかにすることで，問題の解決を図るのである（田中，2018）。このとき，行動の改善をもたらす環境を検討するための枠組みとして用いられるのがABC分析（行動のABC）である。ABC分析は，行動の前（先行事象：Antecedent），行動（Behavior），行動の後（後続事象：Consequence）の英語の頭文字をとったものである。ABC分析を用いた問題解決は，問題を行動（B）とその前後の環境（AとC）として整理し，環境を変えることによって行動の改善を目指すという非常にシンプルなものである。ABC分析を用いた問題解決を機能的アサーションに適用する場合には，問題を「課題達成」と「適切性」に関する聞き手の行動として捉え，その行動を最大化する環境となる話し手のコミュニケーション行動を明らかにする。

三田村（2020）では，機能的アサーションの効果的な実践のための3つのステップを提案しており，この3つのステップはABC分析を用いた問題解決の方法と対応したものである。機能的アサーションの3つのステップは，話し手の方向性と目標を明確にする（ステップ1），機能的アサーションの形を予測する（ステップ2），予測されたアサーションの形を実行し必要な修正を行う（ステップ3），というものである。ステップ1で明確にする話し手の方向性と目標は「課題達成」において達成したい課題であるが，これを明確にすることによって，ABC分析のBの部分（聞き手に求める具体的な行動）を考えることができる。

ステップ2では，ステップ1で明確にした課題達成につながる聞き手の行動を最大限引き出し，かつ適切性を可能な限り損なわない機能的アサーションの形を検討するために，聞き手の行動の先行事象（A）と後続事象（C）を考える。先行事象は行動を引き起こすきっかけとなる手がかりや出来事，条件，時間などであり，後続事象は行動の後に生じる環境変化である（島宗，2010）。後続事象には，行動の後に続くことによって，将来同じような先行事象によってその行動が生起されやすくなるものと，生起されにくくなるものがある（後続事象によって行動が生起されやすくなることを強化，生起されにくくなることを弱化という）。聞き手に求める行動がある場合は，行動のきっかけとなるAだけでなく，行動を強化するCを考えることも重要である。聞き手に求める行動のAとCとして機能する話し手のコミュニケーション行動を考えることによって，機能的アサーションの形を予測するのである。なお，聞き手の行動のAとCとして，話し手のコミュニケーション行動以外のものを考えることも重要である。聞き手の行動に影響するAとCを考え，そのAとCがより望ましい方向に機能するような話し手のコミュニケーション行動を考えることによっても，機能的アサーションの形を予測することができる。

ステップ3では，ステップ2で検討したスキル（AとC）を実践し，ステップ1で特定した聞き手の行動（B）の生起状況を確認し，課題達成の評価を行う。ABC分析を用いた問題解決では，

ABCの枠組みで問題を整理し，効果的なAとCについての仮説を立てたら，そのAとCを実施（操作）し，Bに対して仮説通りの効果があったかを検証する必要があるが，ステップ3はまさにこのプロセスである。ABC分析を用いた問題解決では，AとCを実施し，仮説通りの効果が見られない場合には，ABC分析を用いて新たな仮説を立て，その検証を行う。これと同様に，機能的アサーションの3つのステップでも，ステップ2で予測した機能的アサーションの形を実践し，もし課題達成が十分でない場合は，ステップ1やステップ2に戻って，必要な修正を行い，再びステップ3に進む。このような3ステップによって，より機能的なアサーションを目指すのが，機能的アサーションの実践なのである。

III　学校交渉トレーニング

ABC分析を用いた問題解決の方法を機能的アサーションの実践に応用したものに，発達障害児の保護者を対象とした学校交渉トレーニングがある。学校交渉トレーニングは，学校の教師への依頼・相談を円滑に行うためのコミュニケーションスキルの習得を目指すものである。教師との円滑なコミュニケーションのために，子どもの情報を記載した資料である「サポートブック」（神戸市サポートブック作成検討委員会，2008）を使うこともこのトレーニングの特徴のひとつである。筆者は，サポートブックを使った教師との円滑なコミュニケーションのための学校交渉トレーニングをNPO法人（三田村・田中，2014）で実施後，発達障害者支援センターでもサポートブックの作り方・使い方研修という形で実施してきた。

学校交渉トレーニングでは，ABC分析の枠組みを用いて対象となるコミュニケーションスキル（機能的アサーションの形）を決定した。対象となるコミュニケーションスキルの決定は，機能的アサーションの3ステップのステップ1とステップ2の手続きに該当するため，学校交渉トレーニングは，ABC分析の枠組みを機能的アサーショ

ンの実践に活用した事例として捉えることができる。

学校交渉トレーニングのステップ1では，参加する保護者にとっての達成すべき課題を明確にする。保護者が，教師への依頼・相談によって達成すべき課題は，学校での子どもの適応の向上（不適応の解消だけでなく，より適応的な状態を目指すことも含む）であった。そして，この課題達成のために聞き手である教師に求める行動は，子どもに対する効果的な支援の実施である。

教師に求める行動が決まったら，その行動を最大化するコミュニケーションスキルを予測するために，教師の行動のABCを考える（図2）。対象となる教師の行動は，学校での子どもに対する支援に関するものであるが，これには直接子どもに対して行う支援だけでなく，場合によっては，支援を考えることや支援を行うための準備なども含まれる。ここでの支援を考えるなどの行動は，子どもに対する直接の支援につながるものであり，このような行動のつながりを行動連鎖と呼ぶ。ここでは，支援に関する行動として，支援を考える行動と支援を行う行動の行動連鎖を，Bの部分として設定する。

教師の支援に関する行動をBの部分に設定したら，次にその行動の先行事象（A）と後続事象（C）を考える。保護者が教師の支援に関する行動のAとして追加できることとしては，保護者が支援の必要性を感じている場面と，その場面でのこれまでの支援と，その支援によって子どもがどこまでできたのかという子どもの適応状態をあわせて伝える（「〜すれば（あれば）…できます」）ことである。支援が必要な場面に加えて，「〜すれば（あれば）…できます」という形で，子どもの適応状態とあわせて支援方法を伝えることで，直接その支援の実施を要求しなくても，教師から同様の支援を実施することが提案される可能性がある。

支援が必要な場面とこれまでの支援を子どもの適応状態とあわせて教師に伝えたら，すぐにその

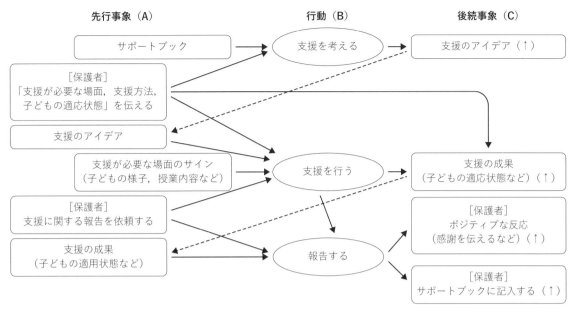

図2　教師の行動の ABC

支援の実施を要求するのではなく，教師の考えを聞くことも重要である。教師の考えを聞いた結果，教師から伝えた支援方法をそのまま実施してくれるという回答が得られる場合もあれば，そうでない場合もある。もしこれまでの支援の実施が難しい場合には，課題達成に加えて，聞き手にとっての適切性も考慮したコミュニケーションとして，教師の主体性を尊重することが重要である。課題達成のために教師に求める行動は，子どもの適応の向上につながる支援の実施であるため，その支援が必ずしもこれまでの支援と全く同じである必要はない。そのため，もしこれまでの支援の方法が実施困難である場合は，実施可能な支援の方法を主体的に教師に考えてもらえば良い。教師に支援を考えてもらう場合に重要なのは，これまでの支援における子どもの適応状態（子どもの「できる」）が新しい支援でも維持・向上することである。この点でも，支援方法とあわせて子どもの適応状態を伝えることが重要なのである。ここまで見てきたように，支援が必要な場面とこれまでの支援を子どもの適応状態とあわせて伝えることは，教

師の直接の支援行動だけでなく，新しい支援を考える行動の A として機能することが予想されるコミュニケーションなのである。

　保護者が教師の支援に関する行動の C として追加できるのは，教師の支援やその成果の報告に対して，ポジティブな反応を提示することである。教師からの支援の報告に対しては感謝を伝え，支援の成果の報告に対しては喜びや安心の気持ちを伝えることで，教師の報告行動だけでなく，報告行動につながる行動連鎖（支援を考える，支援を行う）全体を強化する可能性がある。教師の報告に対して感謝などを伝える（ポジティブな反応）ためには，教師の報告行動を引き出す必要がある。報告行動を引き出す A としては，実施した支援方法やそのときの子どもの状態を教えてほしいと依頼する（「どうなったか教えてください」など）ことが考えられる。この依頼によって保護者への報告の必要性が生じるため，報告行動だけでなく，報告行動につながる行動連鎖（支援行動など）全体を引き出す A となることも予想される。

　感謝などの保護者のポジティブな反応は，支援

実施後の報告だけでなく，これまでの支援方法を伝える時点でも積極的に行うことが望ましい。支援が必要な場面とこれまでの支援方法を伝えた後，教師の考えを聞くなかで，支援に関する教師の発言に対して積極的に耳を傾け，これからの支援の実施に関する発言（これまでの支援と異なるものであったとしても）には感謝などを伝えることで，教師の支援に関する報告行動を強化し，後の報告行動の増加を目指すのである。

　ここまで教師の支援行動に直接影響するAとCのコミュニケーションを考えてきたが，コミュニケーション以外のAとCを考えることも重要である。教師の支援に関する行動を強化するCとしては，支援の成果として，子どもができなかったことができるようになる（授業中に発表する，問題を解くなど）といった子どもの適応状態の生起が考えられる。子どもの適応状態が，教師の支援行動を強化する可能性を高めるためのコミュニケーションとして，現時点での子どもの適応状態を伝えることが考えられる。これは，現時点での子どもの適応状態（「できる」）が，学校で求められる基準や,同年齢の子どもと比較すると，「できない」と表現されるような場合には，特に重要である。たとえば，45分の授業ですぐに立ち歩いていた子どもが，座って活動していることを定期的にほめるという支援によって，20分くらいは座って活動することができるようになった場合を考えてみる。このような場合は，「20分しか座れない」ではなく，「20分は座ることができる」という形で，学校で求められる基準や他児との比較ではなく，支援前の子どもの状態と比較してできるようになった部分を表現することで，実際の支援の結果として子どもが「20分以上座れた」ことが，教師の支援行動を強化する可能性が高まるのである。「〜すれば（あれば）…できます」という表現で現時点での子どもの適応状態を伝えることは，教師の支援行動に直接影響するAとなるだけでなく，教師の支援行動を強化する支援の成果（C）をより機能させることによっても影響を与えることが期待されるコミュニケーションなのである。支援の成果をより機能させるコミュニケーションとしては，現時点での適応状態に加えて，支援前の子どもの状態（「5分も座れなかった」）を具体的に伝えることも有効である。

　学校交渉トレーニングでは，口頭でのコミュニケーションに加えて，サポートブックによるコミュニケーションも保護者に対して指導する。サポートブックには，口頭のコミュニケーションと同様に，支援が必要な場面と，支援方法および子どもの適応状態が記載されている。トレーニングでは，これを資料として口頭での説明と合わせて用いることで，より円滑なコミュニケーションの実現を目指す。サポートブックは，資料として教師に渡すため，その場のコミュニケーションを促進するだけでなく，コミュニケーション後も教師の支援に関する行動のAとして機能することが予想される。

　サポートブックは，Aとしてだけでなく，教師の支援に関する行動を強化するためのCとしても活用可能である。サポートブックを活用した強化は，教師の支援に関する報告行動に対して，ポジティブな反応のひとつとして，効果的な支援方法をサポートブックに記入することを教師に伝え，実際に追記したサポートブックをその後の引き継ぎの際に使用することである。支援方法のサポートブックへの記入は，教師が考え発見した効果的な支援方法が，子どもの適応の維持・向上に役立つものとして他の支援者に共有されることを意味するため，教師の行動を強化する可能性が高い。このようなコミュニケーションは，教師がサポートブックを使った引き継ぎを体験している場合に，特に有効なものとなる。

Ⅳ　ABC分析を用いた問題解決の方法を教える

　学校交渉トレーニングは，トレーニングの開発者がABC分析を用いて機能的アサーションの形を予測したが,より発展的なプログラムとしては，ABC分析を用いた問題解決の方法自体を参加者

に教えるものが考えられる。ここでは，コミュニケーションにおける目標（「課題達成」）を聞き手の具体的な行動として捉え，その行動を最大化するAやCとなるコミュニケーションの形を予測すること自体をトレーニングするのである。機能的なコミュニケーションの形をABC分析を用いて予測するスキルを身につけることで，ステップ3でスキルを実施した後，ステップ1やステップ2に戻って修正を行う必要が生じた場合でも，自身でより機能的なコミュニケーションの形を予測しながら，機能的アサーションの実践を進めることができるのである。

　機能的アサーションの形（コミュニケーションスキル）を予測する上では，聞き手の行動のABCに焦点を当てることが有効であるが，その後，ステップ3で予測したスキルを実施する際には，話し手自身の行動のABCに焦点を当てることが有効である。予測したスキルが実施できずに，つい受け身的になったり，攻撃的になったりする場合には，自身の行動のABCに注目し，そこでのAやCを変更することで問題の解決を図るのである。特に，アサーション行動が課題達成によってすぐに強化されない場合には，追加のAとCを設定し，自身の行動をセルフマネジメントすることが重要である。

　本稿では，学校交渉トレーニングを中心に，機能的アサーションの実践におけるABC分析の活用方法を示した。ABC分析を用いた問題解決の方法は，さまざまな領域で活用可能なものである。これは，コミュニケーションによって自身の課題達成と聞き手にとっての適切性とを最大化するという，問題の解決を図る際にも大いに役立つものである。今後の機能的アサーション・トレーニングの研究では，自身のコミュニケーションをより機能的なものとするために，ABC分析を用いた問題解決の方法を学ぶプログラムの開発が期待される。

▶ 文献

神戸市サポートブック作成検討委員会（2008）サポートブックの作り方・使い方ガイドII. 神戸市保健福祉局発達障害者支援センター.

三田村仰（2020）機能的アサーションとは何か？. 心身医学 60；669-673.

三田村仰，田中善大（2014）発達障害児の保護者向け機能的アサーション・トレーニング―相互作用を強調したロールプレイ・アセスメントによる追試的検討. 行動療法研究 40；105-114.

島宗理（2010）人は，なぜ約束の時間に遅れるのか―素朴な疑問から考える「行動の原因」. 光文社新書.

田中善大（2018）応用行動分析. In：鶴宏史 編：障害児保育. 晃洋書房，pp.211-221.

相手とのちょうどいい距離感を掴む

ディスコース・ポライトネス理論（DP理論）

宇佐美まゆみ Mayumi Usami

国立国語研究所

I　はじめに

　人間は，社会的動物である。人が2人集まれば，そこに社会の最小単位が生まれ，会話というコミュニケーションが始まる。一方で，人間は，わがままな動物でもある。目の前の相手に，近づきたいと思うときもあれば，時には，近づいてくる相手を疎ましく感じることもある。人が社会生活のなかで，他者との円滑なコミュニケーションを営んでいくということは，この誰しもが持つ他人に近づきたいという欲求と，立ち入ってほしくないという相反する2つの欲求を，お互いに尊重し合いながら，相互作用を行っていくということである。つまり，同じ社会の成員との「ちょうどいい距離感」を保ちながら行動するということが，円滑なコミュニケーションのためには，重要なのである。それを言葉に特化して話し手側からの方策（ストラテジー）として，体系化したものが，「ポライトネス理論」（Brown & Levinson, 1987：以降，B&L）であり，さらにそれに，聞き手の受け止め方，話し手と聞き手の相互作用も含めて体系化したものが，「ディスコース・ポライトネス理論」（以降，DP理論）（宇佐美，2003など）である。これらの理論は，いかに相手を傷つけず，いい関係を保ちながら，自分の主張を言葉で表すかというストラテジーの理論ということもできる。

　いわゆる，「気を遣う」という言葉があるように，日本人は，常に相手の意向を気にしながら行動することが染みついていると言っても過言ではない。また，「以心伝心」「阿吽の呼吸」「言わぬが花」など，主張を言葉で表すことをあまりよしとせず，むしろ，意向を「察する」ことのほうが求められ，重視されてきた。「自己主張」という言葉が，あまりいいニュアンスで用いられない場合が多いということも，日本人が自己主張を苦手とする一因となっているだろう。相手の気持ちを推しはかり，配慮することは美徳であるが，それが，人がどう思うかを気にしすぎたり，皆と異なる言動はしないほうがいいと考えるに至らしめているとすれば，そのような文化的土壌が，日本人に正当な自己主張をすることさえも不得手にさせてきた一因になっていることは否めない。また，これまでの日本の教育においては，Show and Tellのような形で，子どもの頃から人前で自分の意見を述べる訓練をしてきている欧米とは異なり，的確な自己主張の仕方についての教育がなされてこなかったということも，日本人の「自己主張下手」に輪をかけている。

しかし，言うまでもなく，現実には，社会生活を営んでいく上で，自分の意向や主張を伝えたいとき，伝えなければならないことは，多々ある。それがうまくできないことが，職場や家庭における人間関係のトラブルを生む原因になっていることも非常に多い。

日本においても，画一的な価値観，共通の文化背景を持つものだけでなく，異なる価値観や文化的背景を持つ多様な人たちが共存する時代になっている今日，自分の主張は，明確に「言葉」に表さなければ，察してもらうことは難しくなってきている。今や，家族間でさえ，ただ「察してください」というだけでは，円滑なコミュニケーションが成り立たなくなっているという現実を，今ほど，自覚する必要に迫られているときはないかもしれない。そこに，「機能的アサーション（自他を尊重したコミュニケーション）」（三田村，2020）の重要性が，一層，増してきていると言えるだろう。

本稿では，「機能的アサーション」とも関連が深い「ディスコース・ポライトネス理論」の基本的考え方を紹介することによって，より円滑なコミュニケーションの確立・維持に役立つ言語表現を，自身で判断しながら工夫するための「考え方」を例示する。

II　円滑なコミュニケーションのための話し手側の言語ストラテジーの理論（ポライトネス理論）

話し手と聞き手の相互作用を含む DP 理論を理解するために，まずは，話し手側からの言語表現選択の理論である B&L のポライトネス理論の関連概念を説明する。というのも，DP 理論は，話し手と聞き手，双方の観点を組み込んだ動的な理論（モデル）であるが，B&L のポライトネス理論の鍵概念のいくつかを用いているからである。

B&L のポライトネス理論は，①鍵概念とポライトネスの操作的定義，②「フェイス侵害度見積もりの公式」，③ストラテジーの選択を決定する情況，④具体的ストラテジーの提示，という主

に 4 つの側面から構成されているが，なかでも，DP 理論において重要なのが，①の鍵概念とポライトネスの操作的定義と，②の「フェイス侵害度見積もりの公式」である。そのため，以下に①と②について説明しておく。

①の鍵概念として，B&L は，人間には，人との関わり合いに関する「基本的欲求」として，「ポジティブ・フェイス（positive face）」と「ネガティブ・フェイス（negative face）」という 2 種類のフェイスがあるとした。ポジティブ・フェイスとは，他者に理解されたい，好かれたい，賞賛されたいという「プラス方向への欲求」であり，ネガティブ・フェイスは，他者に邪魔されたり，立ち入られたくないという「マイナス方向に関わる欲求」である。「ネガティブ」は自分の内側に立ち入られるという方向を表したもので，決して「否定的な」という意味ではない。B&L は，相手に話しかけるということは，相手の時間を取ることであり，依頼や断りなど，さまざまな行為は，潜在的に相手のフェイスを侵害することになるとし，それらを「フェイス侵害行為（Face Threatening Acts：FTA）」と呼んだ。B&L は，FTA を行わざるを得ない場合に，この相手の「基本的欲求としての 2 つのフェイス」を脅かさないように配慮することが，「ポライトネス」であると操作的に定義し，それぞれ，ポジティブ・フェイスに訴えるストラテジーを「ポジティブ・ポライトネス・ストラテジー」，ネガティブ・フェイスを配慮するストラテジーを「ネガティブ・ポライトネス・ストラテジー」と呼んだ。

もうひとつの重要な点は，②の「フェイス侵害度見積もりの公式」である。B&L は，ポライトネスは「ある発話行為（x）が相手のフェイスを脅かす度合い」に応じて規定されるとした。具体的に数量化できるわけではないが，この FTA が「相手のフェイスを脅かす度合い」を「フェイス侵害度」と呼び，次頁の 3 つの要素の和として規定されるとして公式化した。そして，この「フェイス侵害度（Wx）」が高ければ高いほど，より

ポライトな表現が必要になるとした。

$$W(x) = D(S, H) + P(H, S) + R(x)$$

W (x)：「行為 (x) が相手のフェイスを脅かす度合い（フェイス侵害度）」

D：話し手（Speaker）と聞き手（Hearer）の「社会的距離（Social Distance）」

P：聞き手（Hearer）の話し手（Speaker）に対する「力（Power）」

R (x)：特定の文化で，行為 (x) が「相手にかける負担の度合い」の絶対的順位に基づく重み（absolute ranking of impositions）」

III　話し手と聞き手の相互作用を捉える「ディスコース・ポライトネス理論（DP 理論）」

DP 理論では，前節で述べた B&L の鍵概念を援用しながら，ポライトネスを談話レベルで捉え，「話し手の言語行動についてのフェイス侵害度」の話し手と聞き手の「見積もり」のギャップに基づき，聞き手の観点から「ポライトネス効果」を見極めるという相互作用の理論に発展させた。DP 理論には，以下の 7 つの鍵概念がある。①「ディスコース・ポライトネス」，②「談話の基本状態（discourse default）」，③「有標ポライトネス」と「無標ポライトネス」，④「有標行動」と「無標行動」，⑤「見積もり差（De 値）」，⑥「ポライトネス効果」，⑦「相対的ポライトネス」と「絶対的ポライトネス」である。

ここでは，本稿に関連が深い「談話の基本状態」「ポライトネス効果」「見積もり差（De 値）」という 3 つの概念を中心に，DP 理論の骨格を説明する。「談話の基本状態」とは，この職場での基本的な話し方は「です・ます体」である，この人とはいつも「ため語」で話すなど，特定の状況における「典型的な話し方」を想定したもののことだ。その基本状態と異なる言語行動が出たら，何らかの「効果」が生まれると考える。その「効果」は，プラス効果，ニュートラル効果，マイナス効果の 3 種のどれかになると考える。

もうひとつの点は，話し手だけでなく，聞き手も，「フェイス侵害度見積もりの公式」に基づいて，話し手の発話の「フェイス侵害度」を見積もり，それに基づいた「具体的な言語表現の選択の適否」について判断すると想定する点だ（聞き手の側でも「この状況で，こういうことを頼むのであれば，このくらいの言語表現が妥当である」というような期待を持つ）。この関係を図 1 に示す（宇佐美（2008b）を一部改変）。話し手と聞き手の「見積もり差（De 値）」は，「話し手の見積もり（Se）」－「聞き手の見積もり（He）」で計算されるので，両者が一致していれば，De 値は 0 になる。両者の見積もりが，「全く同じ」ということは少ないと考えられるので，0 に「許容されるズレ幅（±a）」を設ける。ズレ幅が，－a よりも小さければ，過少行動で，粗野で失礼だということになり，逆に，＋a を超えると，過剰行動となり，慇懃無礼で失礼だと判断される。

つまり，ある状況における発話の「フェイス侵害度」の話し手と聞き手の見積もりの「ズレ」の値が，「許容範囲（0±a）」内であれば全く問題ないが，一方，許容範囲を超えると，－a を下回っても，＋a を上回っても，「インポライトネス効果（不快感）」が生まれる。ポライトネス効果の観点からは，敬語だから丁寧，砕けた話し方だから失礼だというわけではなく，相手の状況の見積もりと自分の見積もりが一致しているということが，重要なのである。その積み重ねが，お互いの信頼関係を構築していく。DP 理論が，「相対的ポライトネスの理論」である所以である。

話し手と聞き手の見積もりが許容範囲を超えてズレると，聞き手側が不愉快だと感じるが，両者のズレが生じる原因には，3 つの可能性がある。1 つは，フェイス侵害度（W (x) = D (S, H) + P (H, S) + R (x)）の「見積もり自体」にズレがある場合。2 つ目は，フェイス侵害度の見積もりは一致しているが，それに応じて「選択した表現」の受け止め方にズレがある場合。3 つ目は，「この職場では，"です・ます"を付けて話す」「こ

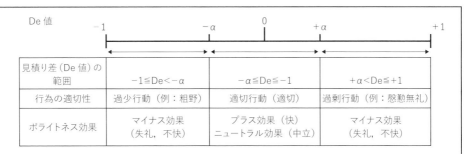

図1　「見積もり差（De値）」「行動の適切性」「ポライトネス効果」

のメンバーでは，さん付けで呼び合っている」と
いった特定の場の「談話の基本状態（デフォルト）」
の見積もりがズレている場合である。つまり，そ
もそも一方は，「この職場では，"です・ます"を
付けて話す」と認識しているが，もう一方は，そ
う思っていなかったというような例である。そう
いう場合，お互いデフォルトに合わせようとした
にもかかわらず，ズレが生じてマイナス効果を生
んでしまうこともある。補足すると，ここでは，
話し手と聞き手の「デフォルトの認識」がズレた
ことが問題で，デフォルトと異なる話し方が，一
概によくないということではない。初対面の会話
は，通常，「です・ます体」がデフォルトである
が，相手の発言に対して「それはすごい！」「面
白い！」などと反応する際は，「です・ます」を
つけないほうがより共感を示せるなど，スピーチ
レベルのダウンシフトによって，堅苦しさが解け
て，親しみを感じるという効果が生まれることも
よくある。先に説明したように，「基本状態」か
ら外れた発話が，プラス効果を生むよい例である。
つまり，ここで重要なのは，話し手と聞き手の「見
積もり」が一致しているということである。

IV　DP理論の新構想とアサーション

DP理論は，2019年に新構想を提出した（宇
佐美，2019）。そこでは，①「2種類の人間関係」
の区別を明確にし，②B&Lの「フェイス侵害度
見積もりの公式」の修正を行い，③「時間」を考
慮した「フェイス均衡原理」を導入した。

1　2種類の人間関係とアサーション

人間関係を，その言語使用への影響という観点
から考えると，①「家族や親族，職場関係の人，
仲の良い友人など，今後も人間関係が継続する関
係」と，②「たまたまエレベータに乗り合わせた
人など，その後関係が継続しない関係」の2種類
に分けられる。どちらも，特定の発話については，
フェイス侵害度の見積もりに基づいて対応できる
が，DP理論の新構想では，①の「人間関係が
継続することを想定した人同士」のやりとりに焦
点を当て，「時間」の概念も取り入れる。今後も
関係が継続していく場合，「信頼関係を構築して
いく」ことが重要になってくるとともに，言うべ
きことは言う必要も出てくる。ただ，次の会話が

想定できることで，後日フェイス侵害度を調整するというような工夫も可能になるからである。日本語では，「先日は，失礼しました」というような表現が慣用化していることからもわかるだろう。

　アサーションの観点からは，「目的のある会話」か，「目的のない会話（雑談）」かという会話のタイプも関係するだろう。DP理論で考えると，目的を達成するために，最適の表現を探そうとする場合，まず，相手との社会心理的距離（D），相手との力関係（P）その発話の内容や状況（会議の席なのか，懇親会の席なのか）（Rx）から，相手への「フェイス侵害度」を見積もり，それに応じた表現や言い方を選択する。相手に配慮はするが，自分の「目的」を達成するためには，少し踏み込んだ発言をする必要があるかもしれない。

　人間関係が継続する相手とは，もうひとつの「目的のない会話（雑談）」も実は重要な意味を持つ。人が一見目的のなさそうな「雑談」を行うのは，意識している，していないにかかわらず，相手といい関係を築くためである。信頼関係を構築するためと言ってもよい。人と人との会話は，実は，情報を伝達し，目的を達成するためだけに行われているのではない。「言葉を交わすこと自体」が目的になっている場合も多いのである。それは，「交感的コミュニケーション」（Jakobson, 1960；宇佐美，1999）と呼ばれており，挨拶は，その最たるものである。たとえば，近所の人に出くわした際に，「あら，どちらへ？」と声をかけると，相手は，「あ，ちょっとそこまで」と答える。このやりとりでは，何の情報も伝達されていない。ただ，ここでは，「言葉を交わす」ということそれ自体が重要なのである。この一見意味のない言葉のやりとりとその積み重ねが，実は，円滑な人間関係の構築・維持に役立っているのである。そういう意味では，社会生活のなかでは，明確なアサーションが必要な場面と，それほどアサーションを必要としないコミュニケーション場面があると考えることができる。ただ，いずれの場合も，

相手のフェイスを侵害しないように配慮するということは必要なので，少し相手の反応を見て，あまり心地よさそうに見えなければ，表現や言い回しの丁寧さを少し変えてみる。そんな工夫をしながら話すことが重要である。

　DP理論を判断の目安として工夫するとよいだろう。

2　「フェイス侵害度見積もりの公式」の修正とアサーション

　相手のフェイスを侵害しないように表現を工夫するときの目安が，「フェイス侵害度見積もりの公式」である。DP理論の新構想では，「聞き手のフェイス」をどの程度尊重するかという「度合い」である現理論の「フェイス侵害度」（Wx）から，「話し手自身のフェイス保持の欲求度（Desire for Saving his/her own Face：DSF）」を差し引いて，当該の発話のフェイス侵害度（Wx）を見積もると捉え直し，B&Lの「フェイス侵害度見積もりの公式」を微修正する。たとえば，謝罪は，相手のフェイス侵害度を和らげるストラテジーであるが，一方で，話し手自身のフェイスを侵害することにもなる行為である。このときに，どのくらい「自分自身のフェイスを保持したいか」という度合いが，相手に対するフェイス侵害度の合計（Wx）から差し引かれると考えるのである。つまり，自分のフェイス保持の欲求度が高ければ，相手のフェイス侵害度（W（x））は，相対的に低く見積もられることになる。つまり，「ポライトネス」は，少し低めになる。たとえば，「すべてこちらの責任です。大変申し訳ありません」というのに対して，「こちらにも責任がないとは言えません。申し訳ありません」と言うような場合である。修正した公式は，以下のようになる。

$$W(x) = D(S, H) + P(H, S) + R(x) - DSF(S)$$
D：Distance ＝話者間の社会的・心理的距離
P：Power ＝聞き手の話し手に対する力
Rx：Rank of impositions ＝ある特定の文化における

ある行為（x）の負荷度の序列

DSF（S）：Desire for Saving his/her own Face ＝
話し手の自分のフェイス保持の欲求度

特に，目的がある会話において自分の主張を通したい場合，また通す必要がある場合など，利害関係や考え方の違いがある場合には，適用せざるを得ない。このあたりは，アサーションにも通じるところかもしれない。ただ，いずれにしても，自分の意向だけを通すということでもなければ，逆に，自分を押し殺して相手を尊重するということでもない。相手のフェイスと自分のフェイスの保持のバランスを取ることが重要なのである。

3　人間関係の継続（時間経過）を考慮した「フェイス均衡原理」とアサーション

宇佐美（2008a, 2019）では，継続する人間関係を前提としてよりマクロな観点から会話と話者の関係を捉え，これまでのポライトネス研究では考慮されたことがない，「時間」という軸と，「フェイス充足行為（Face Satisfying Acts：FSA）」という概念を加えた。「フェイス充足行為」とは，フェイス侵害行為と対になるもので，フェイス侵害を埋め合わせるという発想ではなく，相手のフェイスを侵害していないときでも相手を褒めるというように，相手のフェイスをあらかじめ充足・補充しておく行為と捉える。継続する人間関係の場合，ある時点の会話だけに留まらず，後日にも会話があることを想定した上で，よりグローバルな観点から「フェイスワーク」を捉えることができる。そこに「フェイス均衡原理（Face-balance principle）」が働くと捉える。

たとえば，日本語では，「先日は，ありがとうございました」というような「後日の感謝」の表現が慣用化している。また，次に会った際にこれを言うか言わないかで，ポライトネスの受け止め方が違ってくる。この一言がないために，「礼儀を知らない」「可愛げがない」などと思われてしまう危険性さえある。このことからも，人間関係

が継続する関係におけるポライトネスには，「時間」という概念も取り入れる必要があることがわかる。「この間はどうも」というような表現が慣用化している言語は，日本語以外にあまりないと言われているが，他の言語においても，「この間は，ひどいことを言ってごめん」というように，後日，先日の「フェイス侵害」を埋め合わせる行為を行って関係を修復しようとすることはよくある。このように，時間が経過しても次の会話において，お互いのフェイス侵害度を調節し，「フェイスの均衡」を保つのである。これが，円満な人間関係が継続するということである。前の会話で相手のフェイスを侵害するようなきついことを言ってしまったので，今回は，いつもより少し柔らかい話し方にしようとか，逆に，この間，きついことを言われたので，今回は，自分が少しきついことを言ってもいいだろう，というような判断がなされる。ただ，そういうささやかなお互いの「フェイス侵害」が，「許容範囲」を超えないように注意しなければならない。

時間に沿ったフェイスワークの具体的な捉え方の例を，以下の図2に示す。図の矢印の長さは，フェイス侵害度やフェイス侵害軽減度，フェイス充足度などの大きさに合わせている。図2の縦軸は，「フェイス充足度（Degree of Face Satisfaction）」を表し，象徴的な表し方として，$0 \pm n$（比較的小さい値，仮に10とする）で表わされるものとする。また，横軸は，時間（期間）の経過を表す。通常のニュートラルな状態は，「フェイス充足度」が，± 0であると想定し（図2の縦軸が0の状態），それを当該の話者間の「フェイス均衡の基本状態」とする。

V　おわりに——DP理論にできること

以上，DP理論の基本概念を紹介した。「ポライトネス」は，最も簡潔には，「相手との円滑な関係を構築・維持するための言語ストラテジー」と定義できる。DP理論は，自分のフェイス保持も考慮して相手への「フェイス侵害度」を見積も

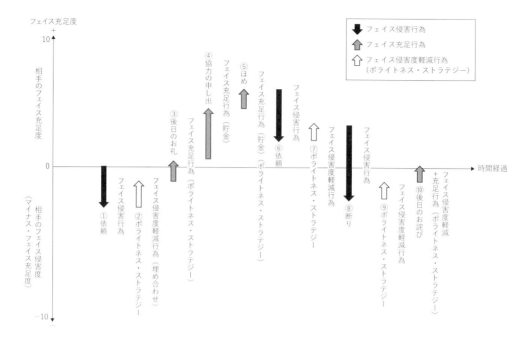

図2　マクロ・グローバルな観点から見た「フェイス均衡状態図」
——中・長期的に見た「フェイス侵害行為」「フェイス侵害度軽減行為」「フェイス充足行為」の関係

り，それに基づいて適切な表現を選択するための考え方を示している。さらに，その表現や言い方を相手がどう受け止めるかという観点も加えて，自分と相手，双方が互いを尊重しながら，「ちょうどいい距離感を保っていく」ために必要な「言語表現」を選択する考え方を提供していると言える。継続する人間関係を円滑に保っていくためには，「アサーションの３原則」（三田村，2020）にもあるように，自分に素直であり，相手を尊重し，そして，それをきちんと「言葉で表現する工夫をする」必要がある。DP 理論は，そのための指針を示すものである。ただ，この原則は，言語表現だけに限らず行動全般にも適用できると考えている。DP 理論が，さまざまな場面で少しでも参考になれば，これほど嬉しいことはない。

▶文献

Brown P & Levinson SC (1987) Politeness : Some Universals in Language Usage. Cambridge, New York : Cambridge University Press

Jakobson R (1960) Linguistics and Poetics. In : T Sebeok (Ed) Style in Language. Cambridge : MIT Press, pp.350-377.

三田村仰 (2020) 機能的アサーションとは何か？. 心身医学 60-8 ; 669-673.

宇佐美まゆみ (1999) 交感的コミュニケーションとしてのあいさつ行動. 国文学 44-6 ; 83-89.

宇佐美まゆみ (2003) 異文化接触とポライトネス—ディスコース・ポライトネス理論の観点から. 国語学 54-3 ; 117-132.

宇佐美まゆみ (2008a) ポライトネス理論研究のフロンティア—ポライトネス理論研究の課題とディスコース・ポライトネス理論. 社会言語科学 11-1 ; 4-22.

宇佐美まゆみ (2008b) 相互作用と学習—ディスコース・ポライトネス理論の観点から. In：西原鈴子，西郡仁朗編：講座社会言語科学 第４巻 教育・学習. ひつじ書房, pp.150-181.

宇佐美まゆみ［李瑶 訳］(2019) 21 世紀礼貌現象研究的可能性—話語礼貌理論的新発展. 日語学習与研究 204-5 ; 23-34（未発表オリジナル日本語論文：宇佐美まゆみ (2019) 21 世紀のポライトネス理論研究の可能性—ディスコース・ポライトネス理論の新展開（https://ninjal-usamilab.info/lab/pdf/monograph/2019bJ.pdf［2021 年1 月 25 日閲覧]）.

💬 [特集] アサーションをはじめよう――コミュニケーションの多元的世界へ

「本当の思い」は隠されている？

自閉スペクトラム症の女性のカモフラージュ

砂川芽吹 Mebuki Sunagawa

東北大学大学院教育学研究科

I　はじめに

本稿の目的は，アサーションについて，自閉スペクトラム症の女性の「カモフラージュ」との関連から論じることである。

はじめにカモフラージュの特徴について紹介する。次に，そのためにアサーションを単純に適用することの難しさを述べる。それを踏まえて最後に，より柔軟なアサーションとして取り入れていくために重要となりうる点を論じたい。

II　自閉スペクトラム症の女性とカモフラージュ

1　自閉スペクトラム症の女性の「見えにくさ」

近年，自閉スペクトラム症（Autism Spectrum Disorder：以下，ASD）を含めた発達障害に対する理解や概念の広がりから，ASD の女性への関心が高まってきている（川上・木谷，2019）。ASD は生得的なものであるが，その後の生活で学んだ対応の仕方によって症状が現れなかったり，隠されたりしている場合がある（APA，2013/2014）。特に知的障害を伴わない場合，女性として生きる過程において適応的なスキルを身に付け，ASD の特性が見えにくくなっている可能性がある。さらに，ASD の診断は表出される行動特徴に基づいてなされるが，既存の診断基準は基本的に男性例をベースとして作成されている。そのため，ASD の女性は自閉的な特徴の現れ方が男性とは異なっていたり，女性に特有の症状があったりするために，見逃されている可能性がある。実際に，同じレベルの ASD の特性であっても女児のほうが男児よりも診断されにくく（Dworzynski et al., 2012），診断年齢の平均も女性のほうが遅れるというデータも示されている（Begeer et al., 2013）。また，コミュニティ単位で ASD と診断されていない人も含めてスクリーニングを行った場合，ASD が疑われる者の男女比は小さくなることから（Loomes et al., 2017），一般社会においても，現在知られている以上に ASD をもつ女性が多くいると考えられる。

これらのことから，ASD の女性は，研究や臨床において長らく男性の陰に隠されて「見えにくくなっている」可能性が指摘される。

2　ASD の女性のカモフラージュ

ASD の女性の「見えにくさ」に関して，女性特有の行動様式として，近年「カモフラージュ」が注目されている。カモフラージュとは，社会的状況において ASD の特徴を周囲に気づかれない

ようにするために，当事者が意識的・無意識的にとる方略であり，自覚的に学んだものや無自覚的に身に付けたものが含まれる（Hull et al., 2020）。具体的には，他者の言動を観察して真似る，特定のキャラクターを取り込んで演じる，言語・非言語コミュニケーションについての How to を作り上げるなどといった方法が組み合わさって用いられているという（Hull et al., 2017）。カモフラージュ自体は ASD の男性にもみられるが，女性は ASD の特徴を隠すことへの社会的プレッシャーをより感じていることが指摘されている（Milner et al., 2019）。同時に，定型発達の女性は相対的にコミュニケーションスキルが高いため，ASD の女性も，そのような環境に身を置くことで，カモフラージュスキルをより発達させていることが考えられる。

　それではなぜ，ASD 者はカモフラージュをするのだろうか。カモフラージュの動機については，内的な気持ちによるものと外的な要請に対する反応によるものが組み合わさっていることが示されている（Hull et al., 2017）。内的な要因とは，他者とのつながりや関係性を求めるような動機を指す。具体的には，人に受け入れられたい，社会的な活動に参加したい，友達が欲しいといった強い願いを抱くが，ASD の特性からそのためのスキルが不足していることに気づき，カモフラージュをするようになるということである。他方，外的な要請に対する反応とは，他者からの非難や排除を避けようとする動機に起因するものである。具体的には，ASD の特性が定型発達者の社会において受け入れられないという経験や気づきから，拒絶されたくない，変だと思われたくないという思いを抱き，定型発達者に同化するためにカモフラージュをするようになるといったことである。このことから，ASD の女性のカモフラージュの背景には，「周囲から異質な存在として見られないように特性を隠す」という消極的な意味と同時に，「友人関係や社会的接触へのモチベーション」という積極的な意味もあるということがわかる

（Milner et al., 2019）。

　カモフラージュがうまくいくことで，ASD の特性をもちながらも大きな支障をきたすことなく社会生活を営むことができている当事者もいるだろう。しかしながらカモフラージュは不利益も大きく，心身への過度な負担や，本来の自分を隠しつづけることで自己概念の混乱をもたらしうることが示されている（Bargiela et al., 2016）。また，カモフラージュがいつも成功するとは限らないため，失敗経験を繰り返すことで自己否定的な認識を強め，対人関係に拒否的になったり，抑うつや不安などの精神疾患に発展する恐れがある。そのほかにも，カモフラージュによって一見適応しているように見えてしまうため，診断や支援に関わる当事者の状態も隠されてしまう。このことはまた，当事者においては本来の自分が周囲から理解されていないという感覚をもたらし，新たな生きづらさとなる可能性もある。

　以上のようにカモフラージュは，ASD の女性が定型発達者の世界で何とかやっていくために身に付けた方略ではあるが，多くの弊害もあることから，当事者にとってまさに"諸刃の剣"であるといえるだろう。

III　ASD の女性にアサーションの適用が困難となる要因

　アサーションは一般的に自他尊重のコミュニケーションであり，特に自己の尊重において率直な自己表現が強調される（平木，2012）。それゆえ，本来の自己を隠すような行動であるカモフラージュとは，そもそも相いれないということは容易に想像がつく。本節では，カモフラージュや ASD の特性に由来する，ASD の女性に対してアサーションの概念を適用することが困難である理由について，3つの観点を取り上げる。

1　「率直になること」の難しさ

　1点目に，アサーションの核となる「率直になること」の難しさが挙げられる。

ASD の女性のカモフラージュは，本来の自分を抑えて周囲に合わせていくという受身的な方法であり，決してアサーティブな自己表現とはいえないだろう。しかしながら先述の通り，ASD の女性がカモフラージュを身に付けるようになったきっかけは，まさに"素"のままの自分を出した際の失敗経験である場合が多い。そのため，当事者は「本当の自分は受け入れられない」という強い否定的な自己認識をもち，コミュニケーションにおいて失敗することを非常に恐れている。

したがって，ASD の女性にとっては，まず「率直になること」に躓いてしまう可能性が指摘される。ASD の女性のカモフラージュが周囲に馴染んで生活するための適応的な側面がある以上，そこに無理にアサーションを取り入れると，当事者が必死に保ってきたバランスを崩してしまう恐れがある。

2　自分の気持ちや状態の気づきにくさ

2 点目に，ASD の女性にとって，自分の感情や気持ちを自覚し，それを適切な言葉で表現することが難しい可能性が指摘される。これは，当事者は幼少期から「自分は周囲の人とは違う」という違和感をもちつづけているものの（Milner et al., 2019），自分を隠してカモフラージュを続けたことで自己概念の混乱状態にあったり，自分の気持ちや状況を把握できなくなったりしているためである。そして気づかぬうちにストレスが溜まり，あるとき感情が一気にあふれてしまったり，コントロールができなくなってしまうこともある。また，感覚過敏から周囲の環境から多くの刺激を受け取り，非常に疲れやすかったり，刺激に圧倒されて感情や気持ちのコントロールが難しくなったりする。

アサーションは「自分も相手も大切にする自己表現」であり，自分を大切にするという点において，まず自分の考えや気持ちを捉え，それを正直に相手に伝えてみることを勧めている（平木，2012）。この第一ステップが，先の理由から自己

モニタリングが難しい状態にある ASD の女性にとって，ハードルになると考えられる。

3　ASD をもつ女性であることの難しさ

3 点目は，ASD の「女性」であることに関連する。三田村・松見（2010）が指摘している通り，現実には直接的な自己表現が推奨されないような対人場面がある。特に女性同士のコミュニケーションにおいては，必ずしも率直であることが最良の選択であるとは限らない。たとえば，思春期のガールズトーク，ママ友同士のおしゃべり，会社のランチタイムの雑談など，女性同士の会話はしばしばそれ自体が目的であったり，関係性を維持するための手段であったりする。そこでは個人の率直な自己表現よりも，いかにその会話を阻害せず，同調し，共感的に聴くか，ということが求められる場合が少なくない。さらに，一般的に女性はさまざまな社会的役割を担っており，率直さとは異なる性役割期待を受けながら，その役割をそつなくこなすことが求められている。実際，ASD の女性はそのような社会的な女性に対する役割期待を認識し，プレッシャーになっているという（Bargiela et al., 2016）。

このように ASD の女性が生きる環境においては，率直な自己表現だけを促すことが，必ずしも効果的ではない場合も多いと考えられる。

IV　ASD の女性にとって
機能的なアサーションとは何か？

以上のように，ASD の女性にいわゆる「率直なアサーション」を教えることには，さまざまな困難がある。そこで，以降では三田村・松見（2010）の提唱する「機能的アサーション」という，より柔軟なアサーションの在り方の観点から，ASD の女性にアサーションを適用するためのポイントについて述べる。

1　準備段階の必要性——二次障害のコントロールと自己理解

第一にアサーションへの準備性が必要になると考えられる。具体的には，二次障害が落ち着いていること，そして自己理解がある程度進んでいることである。ASD の女性は，診断に至るまでに不安や抑うつなどの二次障害に長らく苦しみ，症状に振り回されてきた人も多い。そのため，心身の状態が安定しており，自分に向き合う段階にあることが前提であろう。

また自己理解について，自分の気持ちを表現するためには，まずは自身の ASD の特性について学び，「本当の自分」を知っていくという過程が必要である。そして，自分の気持ちや困り感，特性などを言語化して具体的につかめるようになると，対処法を身に付けたり，ASD をもつ自分を受け入れて，その後の生き方を模索することができるようになると考えられる。このように当事者が自分に向き合う準備が整った段階でアサーションの考え方に触れることで，カモフラージュによって本来の自分を隠しつづけてきたことに気づき，自分の率直な気持ちに語りかけ，表現していくことができるようになるだろう。

2　対人関係の整理

もうひとつ，アサーションを適用するための準備段階にあるものとして，対人関係について整理することの重要性が挙げられる。ASD の女性は，自分が苦手とする他者との関係を無理に続けている人も多い。しかしながら，必ずしも全員とうまく関わる必要はなく，日常生活の範囲内で最低限必要な人間関係を見極めて整理し，そのなかで自分が無理なく生活できることを目指すのも適応的な生き方であると考えられる。

ASD の女性にとって，社会的役割上どうしても避けられないような対人関係から，安心・安全な相手まで，自分が主体的に選んだ人間関係において，それぞれの目的に応じた自己表現を行うことが望ましいと考えられる。

そのため，たとえば先のガールズトークや雑談での関係性が自分にとって不要であると判断するのであれば，それ以上無理に付き合わない選択をしてもいいということである。その場合は，一人になることや情報が得られないなどといった結果も含めて引き受けることになる。一方，関係性を続ける選択をした場合には，ある程度相手に合わせることが期待されていることも含めて，コミュニケーションを行っていくことになる。大切なのは，そのような対人関係の選択を個人が自分の気持ちに従って主体的に行い，その結果を含めて責任をもつことである。これはまさにアサーティブな対人関係の在り方であるといえるだろう。

3　対人関係におけるアサーティブなスタンス

それでは，対人関係を整理し，自分に必要だと判断した対人関係において，カモフラージュとどのようにバランスを取りながら，アサーションを取り入れていくことができるだろうか。ここで，筆者の知り合いの ASD の女性による言葉を紹介したい（許可を得て掲載）。彼女は長らくカモフラージュという「鉄壁の守り」で「ASD がバレないように」生きてきたが，診断後の長い自己理解の過程を経て，現在のコミュニケーションの変化について以下のように語っていた。

> 「私こういうところあるよな，（相手の会話のトピックに）関心ないけどまあ乗ってみるかじゃないけど，なんでしょう，なんか割りきった？　こうしなきゃいけないというより，関心がないのは私の特徴なんだから。でもたまには（相手に合わせても）いいんじゃないみたいな。ちょっと折り合い自分につけて（相手に）合わせるようにしたのと，義務感で合わせるようにしたのでは，やっぱり全然違うかもしれないね」

ここでのポイントは，①自分の特徴（女性同士の会話に関心がないこと）を理解したうえで，②主体的な選択（相手に合わせて会話に参加してみ

ること）をし，その結果として，③カモフラージュとは違う，自分にとって（そしておそらく相手にとっても）よりよいコミュニケーションを実感していた，ということだと考えられる。

　ASD の女性のカモフラージュは，リスクも孕んでいるとはいえ，社会生活上の適応を保つという点において否定されるものではないだろう。そのため，アサーションを ASD の女性に適用する場合には，いきなり「素の自分 100％」のコミュニケーションを目指すのではなく，まずは自分の特徴を理解したうえで，これまでと同じ行動であっても自分がどう思って実行するかという，対人関係に対するアサーティブなスタンスへの変換がポイントになると考えられる。

　併せて，自分にとって大切な相手に対しては，相手の状況に合わせながら気持ちを少しずつ表現し，受け入れられるという経験を積み重ねることも重要である。

4　具体的で支持的なサポート

　さらに，ASD の女性へのアサーションの適用においては，具体的であることが求められる。Bargiela et al.（2016）では，ASD の女性が「No」を出していいことを知っていたとしても，どのようにそれを伝えればいいのか，またどのタイミングでそれを出していいのかがわからなかったという事例が紹介されている。したがって，ASD の女性は，自分の率直な気持ちを表現してもよいという権利や原則を知るだけではなく，具体的な方法や言葉を学ばなければ，実際の対人場面でアサーションを使用することは難しいだろう。ASD の特性から，「率直」を字義通りに受け取って実行した結果，さらに失敗経験を積む恐れもある。

　また，アサーションを学んだからといって ASD の特性がなくなるわけではないので，その後もコミュニケーション上の齟齬は生じる可能性がある。カモフラージュではそれを「失敗」として自分に責任を求めると考えられるが，アサー

ションでは，自分も相手もみずからの考えを表現した結果として葛藤が生じることは，個性の違いを理解し，深い関係を築くきっかけになるとする（平木，2012）。そのため，アサーティブな表現をした結果として生じた齟齬については，あくまでもディスコミュニケーションに焦点を当てたうえで相互に話し合い，解決を目指すことが望まれる。

　そして，ASD の女性に理解のある支援者や同じ特性をもつグループで支え合いながらアサーションを進めていくことも大切である。自己理解の過程はしばしば辛い気持ちを伴い，時間がかかるものである。また対人関係の整理や具体的なアサーションの方法の習得などは，ASD の特性から混乱も多くなると想定される。そのため，暖かく支持的な環境で，自分らしい自己表現を模索していくことが望ましいだろう。

V　おわりに

　以上，本稿ではアサーションについて ASD の女性のカモフラージュの観点からまとめてきた。カモフラージュは ASD の女性の「本当の思い」を隠すものの，日々の適応を可能とする側面があることから，否定されるべきものではない。ASD の女性にアサーションを適用する際はその準備段階に至っていることを前提とし，対人関係を整理したうえで，特性を考慮した具体的で支持的なサポートを行うことの重要性を指摘した。

　ASD 者のコミュニケーションスタイルは，定型発達者が多数派の社会のなかでは「障害」になることが多い。しかしながら，コミュニケーションは自分と相手との相互作用によって成り立つものであると考えると，その不具合の責任を ASD 者だけに求めることは果たして適当であろうか。アサーションが自他尊重のコミュニケーションであるならば，ASD 者と定型発達者の双方が歩み寄り，ASD 者のユニークなコミュニケーションスタイルを理解しようとする姿勢があってほしい。

　また個人的な想いとしては，ASD の女性は周

囲に合せて必死に適応してきたのであるから，カモフラージュやアサーション以前に，当事者がありのままの自分で居られる場所，「人に合わせるのは正直しんどい」と言える場所があること，そんな当事者の率直な気持ちを認め励まし合える環境があることが重要だと考える。

　ASD の女性が自分らしく生きることを支援するうえで，アサーションがひとつの選択肢になることを期待する。

▶ 文献

American Psychiatric Association（2013）Diagnostic and Statistical Manual of Mental Disorders. Fifth Edition : DSM-5. Washington DC : American Psychiatric Association.（日本精神神経学会日本語版用語 監修，高橋三郎，大野裕 監修（2014）DSM-5 精神疾患の診断・統計マニュアル．医学書院）

Bargiela S, Steward R, Mandy W et al.（2016）The experiences of late-diagnosed women with autism spectrum conditions : An investigation of the female autism phenotype. Journal of Autism and Developmental Disorders 46-10 ; 3281-3294.

Begeer S, Mandell D, Wijnker-Holmes B et al.（2013）Sex differences in the timing of identification among children and adults with autism spectrum disorders. Journal of Autism and Developmental Disorders 43-5 ; 1151-1156.

Dworzynski K, Ronald A, Bolton P et al.（2012）How different are girls and boys above and below the diagnostic threshold for autism spectrum disorders?. Journal of the American Academy of Child and Adolescent Psychiatry 51-8 ; 788-797.

平木典子（2012）アサーション入門—自分も相手も大切にする自己表現法．講談社．

Hull L, Lai M-C, Baron-Cohen S et al.（2020）Gender differences in self-reported camouflaging in autistic and non-autistic adults. Autism 24-2 ; 352-363.

Hull L, Petrides KV, Allison C et al.（2017）"Putting on my best normal" : Social camouflaging in adults with autism spectrum conditions. Journal of Autism and Developmental Disorders 47-8 ; 2519-2534.

川上ちひろ，木谷秀勝 編著（2019）発達障害のある女の子・女性の支援—「自分らしく生きる」ための「からだ・こころ・関係性」のサポート．金子書房．

Loomes R, Hull L & Mandy WPL（2017）What is the male-to-female ratio in autism spectrum disorder? : A systematic review and meta-analysis. Journal of the American Academy of Child & Adolescent Psychiatry 56-6 ; 466-474.

Milner V, McIntosh H, Colvert E et al.（2019）A qualitative exploration of the female experience of autism spectrum disorder（ASD）. Journal of Autism and Developmental Disorders 49-6 ; 2389-2402.

三田村仰，松見淳子（2010）相互作用としての機能的アサーション．パーソナリティ研究 18-3 220-232.

● [特集] アサーションをはじめよう──コミュニケーションの多元的世界へ

HSP (Highly Sensitive Person) の考え方
対人社会的環境という視点からの考察

飯村周平 Shuhei Iimura

東京大学・日本学術振興会

I　はじめに

2021 年，ネットや書籍などを中心に，日本では HSP（Highly Sensitive Person）という言葉が話題になっている。学術的な見解と大きく乖離した形ではあるが，HSP は「生きづらさ」を表す言葉として，多くの人々の関心を集めている。この様子は，日常生活で「生きづらさ」を感じている人がいかに多いか，そして「生きづらさ」に対する肯定的なラベリングに「救い」を求める人がいかに多いか，を反映しているようにもみえる。

こうした社会的な背景も踏まえ，本稿では次の2点をねらいとした。

1 点目は，HSP という言葉の認知度の高まりを受け，今一度 HSP の学術的な考え方を読者と共有することである。残念ながら，ネットや書籍で発信される内容には誤解が多い。それは医師や民間資格カウンセラーの肩書をもつ人の発信であってもそのような現状である。それによって，支援が必要な人が適切な支援を受けられなかったり，あるいは不適切な「医療」に手を伸ばしてしまう可能性がある。関心の高い今であるからこそ，心理臨床に携わる読者には学術的な知見（専門知）を現場で活かしてほしいと願う。

2 点目は，特集テーマと関連して，アサーションの観点から HSP の理解を深めることである。HSP は対人社会的な交互作用によってどのような反応を示すのだろうか？　理論上，HSP は対人環境から「良くも悪くも」影響を受けやすいが，実は対人文脈で明らかにされている知見は多くない。そこで本稿では，数少ない対人文脈の HSP 研究をレビューし，HSP におけるアサーションの有効性を考察する。

II　感受性の個人差をどう考えるか

私たちは誰もが物理的あるいは対人社会的な環境から影響を受けるが，影響の受けやすさ（感受性）とその反応の仕方（反応性）には個人差がみられる。対人場面の例を挙げれば，見知らぬ人と意思疎通をする環境下では，慣れ親しんだ人のときとは異なる振る舞い（シャイになるなど）をする人がいる一方で，普段と変わらなく振る舞える人もいる。また，被養育経験も広義には対人場面といえるが，親からの働きかけ（養育スタイル）に反応しやすい子どもとそうではない子どもがいる（Slagt et al., 2018）。私たちの生活，大きくいえば発達にとって，感受性は身近で，かつ重要なテーマである。

環境刺激からの被影響性に関する個人差は，環境感受性理論の枠組みで研究されている（Greven et al., 2019 ; Pluess, 2015）。環境感受性とは，ポジティブおよびネガティブな環境における情報を知覚・処理する際の個人差を説明する特性的な概念である。この特性の個人差は，ヒトだけでなくイヌのような種々の動物にも観察される（e.g., Dubé et al., 2020）。環境感受性は，低い水準から高い水準までのスペクトラム（連続体）として観測され，正規分布の特徴を示す。

初期の研究では，感受性が高い上位 15 ～ 20% 程度を HSP あるいは HSC（Highly Sensitive Child）とカテゴライズする傾向があった。しかし最近では，分類学的な統計手法を用いた研究知見を踏まえて，上位 30% 程度を HSP/HSC とみなす見解が有力である（Pluess et al., 2018）。しかし注意したいのは，このようなカテゴリー化は，感受性が高い人と低い人の特徴を比較するために便宜上試みられるものであって，疾患名のように個人を「診断」するためのものではない。また，カテゴリー化のための絶対的な基準が存在するわけでもない。

感受性の個人差は，いくつかのマーカーから把握できる。1 つ目は，遺伝子的マーカーである。ある遺伝子型をもつ人は，それをもたない人に比べて感受性が高い傾向があると考えることができる。候補として挙げられる遺伝子には，モノアミンオキシダーゼ A 遺伝子（low-activity 型），セロトニントランスポーター遺伝子（s 型），ドーパミン D4 レセプター遺伝子（7-repeat 型）などがある。ここで重要なのは，一つひとつの遺伝子が感受性に寄与する程度は小さく，複数の遺伝子の効果が累積的に感受性の程度を形成するということである（Keers et al., 2016）。また，感受性の程度を決定する「唯一」の遺伝子があるわけではない。従来，感受性にかかわる遺伝子型は，逆境的な環境下で精神病理のリスクを高めるために「脆弱性」遺伝子あるいは「リスク」遺伝子と呼ばれた。しかし，後述する差次感受性理論の提唱

以降，「脆弱性」遺伝子は，サポーティブな環境下では良好な心理社会的機能を導くことが実証され，現在では「可塑性」遺伝子として再考されている。

2 つ目は，神経生理的マーカーである。これは，刺激を受けた際に生じる神経生理的な反応性の個人差として観察される特徴を表す。たとえば，ストレスを受けた際のコルチゾール反応の高まりやすさは，生理的な感受性マーカーのひとつとして挙げられる（Boyce & Ellis, 2005）。コルチゾール以外にもオピエートやオキシトシンなどのホルモンや，ドーパミン，γ-アミノ酪酸（GABA），ノルエピネフリン，セロトニンなどの神経伝達物質も環境刺激に対する反応性に関与することが指摘されている（Homberg et al., 2016）。さらに，刺激に対する特定の脳領域の賦活化も神経生理的なマーカーとして議論されており，たとえば，磁気共鳴機能画像法（fMRI）を用いた研究は，島皮質，扁桃体，海馬などの関与を示唆している（Acevedo et al., 2014）。

3 つ目は，気質的なマーカーである。これは幼少期から観察することができる行動の傾向である。とくに最近の研究では，感覚処理感受性という気質的特性をターゲットにすることが多い。感覚処理感受性の高さは，感覚情報の深い処理，行動の抑制，環境刺激への気づきやすさ，情動的な反応の高まり，といった特徴として観察される（Aron et al., 2012）。遺伝子的／神経生理的マーカーは簡単に測定できないが，この気質的マーカーは自己報告式の心理尺度「HSP 尺度」や「HSC 尺度」によって簡便に測定できる。また，エビデンスの蓄積はまだ少ないが，尺度で測定された感覚処理感受性と遺伝子的／神経生理的マーカーの関連も報告され，英語版では尺度の妥当性が検証されている。

さて，上記 3 つのマーカーによって観測される環境感受性の高さは，「脆弱性」あるいは「リスク要因」なのであろうか？　HSP は「生きづらさ」の象徴なのであろうか？　今から 40 年前（1980

年代）であれば，その見方は正しいといえたのか
もしれない。しかし，現在ではその見方は正確で
はない。

　まず，従来の見方は，素因ストレスモデルあ
るいは二重リスク理論にもとづくものであった
（Belsky & Pluess, 2009）。これらの枠組みは，感
受性の高さを「脆弱性」とみなし，逆境的な経験
が重なることで，「脆弱性」の高い人は「脆弱性」
が低い人よりも精神病理が高まることを説明し
た。この古典的な枠組みの限界点は，ネガティブ
な環境からの影響とそれによって生じるネガティ
ブな結果だけに刮目していることである。言い換
えれば，この枠組みでは，ポジティブな環境から
の影響とそれによって生じるポジティブな結果を
議論できない。

　現在有力である差次感受性理論は，この限界を
超え，ポジティブな環境的影響からの個人差も包
含した枠組みである。1990年代，この理論の提
唱者であるBelsky（1997）は，それまで「脆弱性」
とみなされていた特性（遺伝子や気質）をもつ個
人が「逆境的な環境ではネガティブな影響を受け
やすく，サポーティブな環境ではその利益を享受
しやすい」ことを指摘した。つまり差次感受性理
論は，感受性の高い人がそうでない人よりも環境
の質に応じて「良くも悪くも」影響を受けやすい
ことを説明する枠組みである。感受性は「脆弱性」
ではなく，個人と環境の関係を「良くも悪くも」
調整する「ニュートラル」な概念として再考され
たといえよう。詳細なレビューは他の論文に譲る
が（c.f., Belsky & Pluess, 2009），2021年現在に
至るまでに差次感受性理論を支持する知見が数多
く提出されている。

　図は，個人と環境の交互作用における3つの典
型的な発達パターンを示したものである。上段に
は，古典的な枠組みである素因ストレス／二重リ
スクの特徴を示した。「脆弱性」が高い個人は，
環境の質が逆境的であるほど（不適切な養育行動
やストレスの多さなど），ネガティブな結果（抑
うつや外在化問題など）が生じやすい。たとえ逆

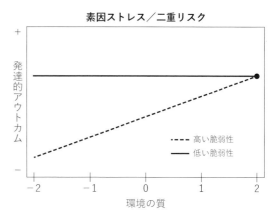

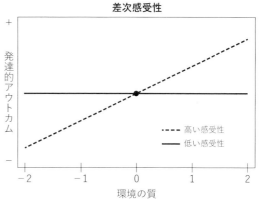

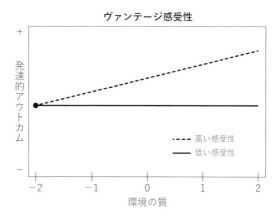

図　個人と環境の交互作用における
3つの典型的な発達パターン

境的な環境ではなくても，「脆弱性」が高い個人は，「脆弱性」が低い個人以上に良好な発達的アウトカムを示すことが難しいと想定されている。

　中段には，最も有力な見方である差次感受性の特徴を示した。感受性が高い個人は，環境の質がネガティブであるほど悪い影響を受けやすいが，同時に，環境の質がサポーティブであるほどそこから利益を享受しやすい。つまり，感受性の高い個人は，環境の質に応じて「良くも悪くも」影響を受けやすい（高い可塑性）。一方で，感受性の低い個人は，環境の質がネガティブでもポジティブでも相対的に影響を受けにくいことが想定されている（低い可塑性）。

　下段には，素因ストレス／二重リスクとは対照的な枠組みであるヴァンテージ感受性の特徴を示した（Pluess & Belsky, 2013）。この枠組みでは，感受性が高い個人は，環境の質が良好であるほど望ましい影響を受けやすいと説明される（ヴァンテージ感受性）。一方で，感受性が低い個人は，環境の質が良好であっても，そこから利益を享受しにくいとされる（ヴァンテージレジスタンス）。

　ただし，素因ストレス／二重リスク，差次感受性，ヴァンテージ感受性の関係は排他的ではない。たとえば，差次感受性は，素因ストレス／二重リスクとヴァンテージ感受性を統合的にみた枠組みといえる。補足ではあるが，このような複数の枠組みは，2015年以降に環境感受性理論として統合的に組み込まれた（Pluess, 2015 ; Greven et al., 2019）。この新しい枠組みは，発達心理学，分子遺伝学，行動遺伝学，神経生理学などの学際領域から，ポジティブ・ネガティブ両方の環境刺激に対する感受性／反応性の個人差を説明する。2021年現在，環境感受性を理解する試みはさらに加速，発展しつづけている。

Ⅲ　アサーションは感受性と対人的環境の関係を調整するか

　差次感受性の枠組みは，感受性と対人社会的な環境との関係を考えるうえでも有益な見方を提供

してくれる。この枠組みにもとづけば，感受性の高い個人は，対人関係の質に応じて「良くも悪くも」影響を受けやすい。たとえば，感受性が高い個人が，自身と非適合的な集団に置かれたとき，ネガティブな結果が生じやすいだろう。一方で，自身と適合的な集団のなかでは，それによる良好な影響を受けやすく，良いパフォーマンスを発揮するかもしれない。このように環境感受性の個人差は，対人社会的な環境と心理社会的なアウトカムの関係を調整しうる。

　対人社会的な環境を適合的な方向に調整するためには，自他を尊重する適切なコミュニケーション，すなわちアサーションが有効かもしれない。仮説の域を出ないが，とくにHSPはアサーションあるいはそのトレーニングによる恩恵を享受しやすい可能性がある。

　アサーションには，伝統的な「率直型アサーション」と，三田村・松見（2010）によって提唱された「機能型アサーション」がある。前者では，率直で適切な自己表現が強調される。後者は，話し手が期待した効果を得ること，かつ聞き手がその自己表現を適切だと捉えることを重視する（三田村・松見，2010）。

　三田村（2020）は，伝統的な「率直型アサーション」には，それがうまく機能する場面が限定されるなどの課題があることを指摘している。たとえば，社員が社長に率直な想いを伝えることはいつも適切であるとは限らない。そのような場面では，間接表現やあいまい表現も柔軟に取り入れる「機能的アサーション」がより適切になる。

　これまで，率直型もしくは機能型のアサーションがHSPの心理社会的機能を高めるのか否かを検討した研究知見は得られていない。また，HSPはアサーティブなコミュニケーションを取りやすいのか否かも不明である。さらに，アサーション・トレーニングの効果が感受性の個人差によって調整される否かについても未検討である。このように，アサーションとHSPの関連を論じるには現状として大きな制約があるが，今後の実証的な研

究に向けて，両者の関係を考察することには価値があると思われる。そこで本稿では，数少ない対人文脈の HSP 研究を 3 件レビューし，知見ごとに HSP におけるアサーションの有効性を考察する。

1　社会的痛みの研究

第一に，Rudolph et al.（2020）の知見を挙げる。この研究では，母娘関係と娘の抑うつ症状の関連が，感受性の個人差によって「良くも悪くも」調節されるかどうかが検討された。この研究では，社会的痛み（社会的に排除されたときに感じる痛み）によって賦活化される脳領域（前帯状皮質背側部など）を感受性のマーカーとして取り上げた。脳領域の賦活化は，Cyberball というオンラインゲームをプレイ中に fMRI を用いて測定された。このゲームでは，対象者は他の 2 人のプレイヤー（コンピュータープログラム）とキャッチボールをするが，徐々にボールを回してもらえなくなり，「仲間外れ」にされる。これにより社会的痛みが喚起される。分析の結果，神経生理的な感受性の高い女子ほど，ネガティブな母娘関係によって抑うつが高まり，同時に，ポジティブな母娘関係によって抑うつが低くなることが示唆された。一方で，感受性が低い女子は，母娘関係の質と抑うつ症状に有意な関連は確認されなかった。これらの知見は，差次感受性と一致していた（図・中段）。

Rudolph et al.（2020）の知見は，HSP におけるアサーションの有用性を期待させる。学校や職場などでは，しばしば「仲間外れ」にされる状況が起こりうる。たとえば，感受性が高い「陽葵さん」は学校の教室で「凛さん」と「詩さん」の 3 人で話をしていると，だんだんと「凛さん」と「詩さん」の 2 人だけで会話が盛り上がり，「陽葵さん」だけ取り残された状況になったとする。まさに上記のゲームのような状況である。もしこの状況で，「陽葵さん」が感じる「社会的痛み」を他の 2 人にアサーティブに表現することができれば，この状況に伴う生理的な反応の高まりや対人関係の質

を，良好な方向に変化させることができるかもしれない。

2　いじめ防止介入プログラムの研究

第二に，Nocentini et al.（2018）の知見を挙げる。この研究では，学校ベースのいじめ防止介入プログラムの効果が，子どもの感受性によって調整されるか否かが検討された。この研究では，小学 5 ～ 6 年生の子どもを対象にし，HSC 尺度によって気質的側面の感受性が測定された。また，複数の研究協力校を介入群と統制群にランダムに割り当て，介入プログラムの前後で，子どものいじめ被害認知や内在化問題がどのように変化するかを検討した。分析の結果，感受性が高い男子では，いじめ被害認知と内在化問題の程度が低下した。感受性の高い女子では，いじめ被害認知だけで低下が確認された。対照的に，感受性が低い子どもでは介入効果が認められなかった。感受性の高い子どもたちは，その特性ゆえに，介入によるクラスメイトの行動や学級風土の改善を知覚しやすいのかもしれない。感受性が高いためにサポーティブな環境（心理教育的介入や望ましい養育行動など）から恩恵を受けやすいことはヴァンテージ感受性と呼ばれる（図・下段）。

Nocentini et al.（2018）の知見は，HSP におけるアサーションあるいはそのトレーニングの有用性を期待させる。Nocentini ほかの介入プログラムでは，社会情緒的スキルを高めるワークも実施されていたが，そこにアサーション・トレーニングの要素を組み込むことでさらに介入効果を高められるかもしれない。実際，いじめ予防のためにアサーション・トレーニングを実施した研究では，介入の有効性を実証している（Avşar & Alkaya, 2017）。たとえば，この研究では，自分自身を表現する能力，ノーといえる能力，批判や怒りをマネジメントする能力，共感と傾聴などをテーマとした 8 つのセッションで介入プログラムを構成している。ヴァンテージ感受性の枠組みにもとづけば，アサーション・トレーニングによって学級風

土が改善したり，対人スキルが向上したりすることは，とくに感受性の高い子どもたちにその恩恵をもたらすことが予想される。

3　他者が表出する感情の研究

　最後に，Acevedo et al.（2014）の知見を挙げる。この研究では，他者が表出する感情に対して，感受性の高い個人がどのような神経生理的な反応を示すかが検討された。実験では，恋人と見知らぬ人の嬉しいときの表情，悲しいときの表情，ニュートラルな表情を写した画像を対象者に提示し，その際の脳の反応を fMRI で測定した。対象者の感受性は HSP 尺度によって測定された。分析の結果，感受性が高い個人ほど，恋人と見知らぬ人の感情的な表情（嬉しい顔と悲しい顔）を提示されたときに特定の脳領域（皮質など）が賦活することが示された。この知見が頑健だとすれば，感受性が高い個人は「良くも悪くも」他者の感情に反応しやすいといえるかもしれない。

　この知見もまた，HSP に対するアサーションの有用性を期待させる。対人的な環境を含め，周囲の環境を調整することは HSP の心理社会的機能を左右する重要な要因になりうる。この点で，アサーションは，ネガティブな対人環境ではそれを緩和し，ポジティブな対人環境ではそれをさらに促進するように働くかもしれない。とりわけ，負の感情が向けられるような対人環境では，率直な自己表現をする「率直型アサーション」よりも臨機応変な「機能型アサーション」が役に立つだろう（たとえば，「相手からされた注意や相手の怒りが不当なことを相手に理解してもらうとき，必要以上に相手の感情を逆なでしない」ような自己表現（Mitamura, 2018））。差次感受性の考え方を踏まえると，「機能的アサーション」による環境調整の効用は，とくに感受性の高い人で得られやすいかもしれない。

IV　おわりに

　本稿では，環境感受性（HSP）の基本的な考え方を紹介し，アサーションの観点から対人社会的な環境と HSP の関連を考察した。本稿の内容を要約すると以下の通りである。

　①環境感受性の個人差は，私たちの環境と心理社会的機能の関係を調整する。とくに感受性の高い個人は，感受性の低い人と比較して，逆境的な環境からネガティブな影響を受けやすいだけでなく，サポーティブな環境から利益を享受しやすい。

　②環境感受性とアサーションの関連はまだ実証されていない。しかし，感受性が高い人が環境から「良くも悪くも」影響を受けやすいことを踏まえると，感受性が高い人はアサーションによる対人環境の調整効果を享受しやすい可能性がある。

▶文献

Acevedo BP, Aron EN, Aron A et al.（2014）The highly sensitive brain : An fMRI study of sensory processing sensitivity and response to others' emotions. Brain and Behavior 4 ; 580-594.

Aron EN, Aron A & Jagiellowicz J（2012）Sensory processing sensitivity : A review in the light of the evolution of biological responsivity. Personality and Social Psychology Review 16 ; 262-282.

Avşar F & Alkaya SA（2017）The effectiveness of assertiveness training for school-aged children on bullying and assertiveness level. Journal of Pediatric Nursing 36 ; 186-190.

Belsky J（1997）Variation in susceptibility to rearing influences : An evolutionary argument. Psychological Inquiry 8 ; 182-186.

Belsky J & Pluess M（2009）Beyond diathesis stress : Differential susceptibility to environmental influences. Psychological Bulletin 135 ; 885-908.

Boyce WT & Ellis BJ（2005）Biological sensitivity to context : I. An evolutionary-developmental theory of the origins and functions of stress reactivity. Development and Psychopathology 17 ; 271-301.

Dubé MB, Asher L, Würbel H et al.（2020）Parallels in the interactive effect of highly sensitive personality and social factors on behaviour problems in dogs and humans. Scientific Reports 10 ; 1-9.

Greven CU, Lionetti F, Booth C et al.（2019）Sensory processing sensitivity in the context of environmental sensitivity : A critical review and development of research agenda. Neuroscience & Biobehavioral Reviews 98 ; 287-305.

Homberg JR, Schubert D, Asan E et al.（2016）Sensory processing sensitivity and serotonin gene variance : Insights into mechanisms shaping environmental sensitivity. Neuroscience & Biobehavioral Reviews 71 ; 472-483.

Keers R, Coleman JR, Lester KJ et al.（2016）A genome-wide test of the differential susceptibility hypothesis reveals a genetic predictor of differential response to psychological treatments for child anxiety disorders. Psychotherapy and Psychosomatics 85 ; 146-158.

Mitamura T（2018）Developing the functional assertiveness scale : Measuring dimensions of objective effectiveness and pragmatic politeness. Japanese Psychological Research 60 ; 99-110.

三田村仰（2020）機能的アサーションとは何か？．心身医学 60 ; 669-673.

三田村仰, 松見淳子（2010）相互作用としての機能的アサーション．パーソナリティ研究 18 ; 220-232.

Nocentini A, Menesini E & Pluess M（2018）The personality trait of environmental sensitivity predicts children's positive response to school-based antibullying intervention. Clinical Psychological Science 6 ; 848-859.

Pluess M（2015）Individual differences in environmental sensitivity. Child Development Perspectives 9 ; 138-143.

Pluess M, Assary E, Lionetti F et al.（2018）Environmental sensitivity in children : Development of the Highly Sensitive Child Scale and identification of sensitivity groups. Developmental Psychology 54 ; 51-70.

Pluess M & Belsky J（2013）Vantage sensitivity : Individual differences in response to positive experiences. Psychological Bulletin 139 ; 901-916.

Rudolph KD, Davis MM, Modi HH et al.（2020）Differential susceptibility to parenting in adolescent girls : Moderation by neural sensitivity to social cues. Journal of Research on Adolescence 30 ; 177-191.

Slagt M, Dubas JS, van Aken MA et al.（2018）Sensory processing sensitivity as a marker of differential susceptibility to parenting. Developmental Psychology 54 ; 543-558.

[特集] アサーションをはじめよう——コミュニケーションの多元的世界へ

カミングアウト・パッシング・アサーション
LGBTQ

石丸径一郎 Keiichiro Ishimaru

お茶の水女子大学

I　はじめに

　私は，臨床心理学のなかでもジェンダーやセクシュアリティについてのテーマを専門としている。実は，心理学を学ぶうちに性に関するテーマを選んだわけではなかった。その逆で，もともと性に関するテーマに強い興味があり，その上で社会学か，心理学か，進化生物学か，などと迷い，（なんとなく）心理学を選んだという順番である。学部生だった私は，ジェンダー論やフェミニズムの本を読むなかで，欧米における1950年代からの第2波フェミニズム，そして1960年代からの女性解放運動（いわゆるウーマン・リブ）を推し進めたのは，CRとATだと学んだ。CRとはConsciousness Raising（意識覚醒）であり，ATはAssertion Training（アサーション・トレーニング）である。固定的な性別役割分業が当たり前の社会のなかで育つと，女性は社会による抑圧をうまく言語化することができない傾向にあるため，抑圧に気づき認識するための意識覚醒が重要であった。また，抑圧に気づいたとしても，男性中心社会のなかで「私の足を踏まないでください」というような意味の発言はしづらく，そのためにアサーション・トレーニングが重要になったとい

うわけである。そういうわけで，私のアサーション・トレーニングとの出会いは，心理学ではない文脈でのことであった。アサーション・トレーニングが行動療法のひとつとして分類されていることは後から知るところとなり驚いた。またCRはフェミニスト・カウンセリングのなかで実践されてきているとのことで，結果として両方とも臨床心理学に関わりの深いものであった。

　さてその後，大学院に進んで臨床心理学を勉強することになった私は，アルバイト先などで，平木典子先生の著書（平木，1993）をテキストとしたアサーション・トレーニングのワークショップの事務局を務めたり，自分が受講生として受けたりする機会があった。アグレッシブでもなく，ノン・アサーティブでもなく，アサーティブな自己表現を目指しましょうという内容であった。やや大雑把にまとめると，言いすぎるでもなく，言わなすぎるでもなく，ちょうどよいバランスを目指すということだと考えられた。このようなことは，考えてみると，LGBTQのカミングアウトにも通じるところがあるように思われる。

　これまでの私の臨床のなかでは，カミングアウトしすぎてしまう話や，言わずとも察してほしいという気持ちが強く，カミングアウトしなさすぎ

る話を多く聞いたように思う。このようなカミングアウトの過不足に関連する要因は何だろうかと，臨床をしながら考えているが，私の仮説のひとつは，マイノリティとしてのアイデンティティ発達（石丸，2002）である。この考え方は，LGBTQのみならず，主流文化とは違ったところを抱えながら生きる人々の心理が変化していくプロセスの理解に多少役立つように思っている。その人が抱える差異は，主流文化のなかでは「言いづらいこと」に当たるからである。このことを詳しく述べる前に，LGBTQのカミングアウトについて概要を少し説明したい。

Ⅱ　LGBTQのカミングアウトのいろいろ

カミングアウトとは，coming out of the closetというフレーズが短縮された言い方である。同性愛をカミングアウトすることを，隠れていたクローゼットから出てくることになぞらえている。そのため，カミングアウトしていない，隠している状態のことを，「クローゼット」と表現することもある。当初は同性愛について使用される表現であったが，その後，広く秘密を告白すること一般にも使用されるようになった。

マイノリティには，外見上わかりやすいものと，わかりにくいものがある。車椅子に乗っているなど，見えるマイノリティの場合は，カミングアウトするかどうかという選択肢がない。一方，同性愛者や，内部障害など，見えないマイノリティの場合には，カミングアウトするかしないかが，当事者の選択となる。カミングアウトしなければ，周囲の人には気づかれない。このようにマイノリティ性を明らかにせず，多数派のなかに溶け込んでいる，多数派を装っているといった状態のことを「パッシング」と呼ぶ。多数派としてパス（通用）しているという意味である。特にトランスジェンダーの人たちの間では，生活していきたい望みの性別として外見や声の点で「パス」しているかどうかがよく話題にのぼる。

さてLGBTQというのは，主に性的指向

（sexual orientation）と性自認／性同一性（gender identity）という2つの要素の組み合わせによって捉えられる存在である。まず性的指向とは，性的魅力を感じうる相手の性別のことである。性的魅力を感じうる相手の性別と，恋愛感情を抱く相手の性別，実際付き合っている人の性別，性的接触をする相手の性別，性的空想のなかでの相手の性別が異なることもあるが，ここではひとまず置いておく。性的指向には，異性愛，同性愛，両性愛，無性愛（エイセクシュアル：両性に性的魅力を感じない），全性愛（パンセクシュアル：性別を2つと規定せず，すべての性別に対して性的魅力を感じうる）などがある。

性自認／性同一性とは，本人が実感している性別のことである。これが身体的性別や法的性別と異なっていると苦痛が生じる。生まれた時に割り当てられた法的性別が，現在の性自認と異なっている人のことを「トランスジェンダー」と呼ぶ。一方，このような食い違いのない多数派の人のことは「シスジェンダー」と呼ぶ。

（シスジェンダーである人の）性的指向についてのカミングアウトは，比較的わかりやすい。異性愛が主流文化である社会のなかで，同性愛であることをカミングアウトするという選択肢がある。一方，誰を好きになるかは言わなければわからないため，例えば職場や学校ではカミングアウトせずにクローゼットの状態で生活することも多い。プライベートな部分のマイノリティであるため，生活のすべての場面でカミングアウトすることは，不可能に近いとも言える。また，バイセクシュアルのカミングアウトは，やや複雑である。パートナーが同性であれば，わかりやすくカミングアウトすることができるが，パートナーが異性である場合は，見かけ上，多数派のようであるため，カミングアウトがややわかりにくいものになる。また，例えば新宿二丁目のバーのような同性愛コミュニティのなかでは，主流文化が同性愛であるため，異性とも付き合えることはマイノリティ性を帯び，「言いづらいこと」となりうる。

1.　カミングアウト**無し**	不本意ながら男性として生活
2.　カミングアウト**有り**	認めてもらえず男性扱いされている
3.　カミングアウト**有り**	理解を得て女性として扱われている
4.　カミングアウト**無し**	女性として過ごしており，元男性であったことは秘匿している（**埋没**）

図1　トランスジェンダー女性のカミングアウト状況の例（筆者作成）

	主流文化の内面化	模索・試行錯誤	バランスのよい統合
自文化の価値づけ	−	＋	＋
主流文化の価値づけ	＋	−	＋
例	自分は社会に認めてもらえない存在……	社会は間違っている‼	差異は自分の一部であり全てではない

図2　マイノリティ・アイデンティティの発達モデル（筆者作成）

　トランスジェンダーのカミングアウトも，単純ではない。実は性自認が法的性別と異なるということのカミングアウトと，実は生まれた時の法的性別は現在生活している性別と異なるということのカミングアウトの2種類が存在し，その組み合わせにより，図1に示したような状況が発生する。これはトランスジェンダー女性（Male to Female）の例だが，トランスジェンダー男性（Female to Male）では逆になる。カミングアウトしていない人の情報を他者に漏らしたり暴露したりすることを「アウティング」と呼ぶが，トランスジェンダーについては，図1の第1段階のアウティングと，第4段階のアウティングが存在する。

III　マイノリティ・アイデンティティの発達モデル

　さて，主流文化のなかで生きるマイノリティのアイデンティティ発達，つまり，自身の差異をどのように捉えて扱うかということには，おおまかに言って図2のようなプロセスがあるだろうと私は考えている。まず，多くの人は主流文化のなかで育つと，その価値体系を内面化し，差異を持った自文化を劣ったものと捉える。例えば「異性愛

に変わりたい」「ゲイの世界にどっぷりはまりたくない」「白人に生まれたかった」「障害の無い体に生まれたかった」などの気持ちを持つ。

　次に，大企業のCEOがゲイである，黒人が大統領になった，トランスジェンダーが紅白歌合戦に出場した，など同じマイノリティである人が社会で活躍している（ロールモデル）のを見聞きしたり，先輩の話を直接聞いたり，自分と同じマイノリティの人たちの歴史を知ったりするなかで，低いと思っていた自文化の価値は，実は低くないのではないか，プライドを持ってよいのではないかという考えが生まれる。同時に，間違っているのは主流文化を持つ社会のほうではないのか，と主流文化の価値づけを低めることもある。これは，障害は障害者にではなく社会のほうに存在するという障害学の考え方にも通じる。

　多くの人は，長い人生を「マイノリティとしてのみ」生きるわけではない。勉強や仕事や趣味や人間関係などの活動の重要性が大きければ，マイノリティ性が自身のなかで占める割合は減少する。また，社会のなかの多くの人が主流文化の価値観を持っていることは正しいことではないが当然のことであり，人は差別を解消して正義を実現

するためだけに生きるわけではない，そのような責任感に押しつぶされなくともよいと思い至る人もいる。このように，マイノリティである自分と，それだけではない自分とを併せ持った統合された状態になることもある。

　主流文化のなかで生きるマイノリティのあり方は，大まかに以上のようなモデルを参照すると理解しやすいと私は考えている。3段階目まで進む人もいるし，1段階目，2段階目で留まる人もいるが，どの段階が望ましいということは必ずしも含意されていない。カミングアウトとアサーションということを考えてみると，ノン・アサーティブ，アグレッシブ，アサーティブの3種が，この3段階に大まかに対応するのではないかと思われる。

IV　言わなすぎる人──ノン・アサーティブ

　トランスジェンダーや性同一性障害・性別違和の臨床をしていると，カミングアウトについてノン・アサーティブな人が，割合としては多いように感じる。特にホルモン投与や手術といった身体治療を目指すトランスジェンダーの場合は，望みの性別で生きるために家族や職場にカミングアウトすることが必須となっている。しかし「社会でトランスジェンダーは受け入れられない」「否定されるとつらい」といった気持ちから，なかなか言い出せない人が目立つ。このようなあり方のバリエーションとしては，態度や身なりで表しているのだから，きっと周りには伝わっているはず，という思いもある。客観的に見るとそれでは伝わらないだろうと感じるが，本人としては精一杯，非言語メッセージを発しているので，周囲の人たちに言わずとも察してほしいと願っている例もよくある。そのくらい，言葉に出してはっきり言うことには大きな勇気が必要なのである。くよくよと悩んでいる本人の話をしばらく聞いた後に，親に来院してもらったところ，親のほうは完全に受け入れ，理解しており，迷いなくどんどん身体治療を進めていかせたいと考えていた，というよう

なことすらある。

　一方で，隠し通すと決めて，LGBTQについてカミングアウトを一切しない，最低限に留めるという生き方を選ぶ人もいる。このような人は，外から見えないので目立たないが，これはこれで尊重されるべきであろう。

V　言いすぎる人──アグレッシブ

　LGBTQとして生まれた自分が悪いのではない，社会のほうが間違っているのだ，という考え方は，当事者を救い，免責する。しかもこの考え方は正義であり，倫理的に正しい。このため，大げさに言えば周囲の多数派の人たちを全員悪者とみなし，誰彼構わず攻撃していくようなあり方になる人も，少数ながら存在する。LGBTQであることのカミングアウトをアグレッシブな形で過剰に行うケースである。このようなあり方は，正義を実現する戦士として大変崇高ではあるが，莫大なエネルギーを使うものである。

　このような喧嘩腰ではなくとも，「LGBTQの〇〇さん」といった形で周囲から認識され，アイデンティティの大部分がLGBTQとなる生活を送る人もいる。LGBTQの歴史やプライドについて認識して，興奮しテンションが上がっているうちは大丈夫だが，このようなあり方に疲れたり，バーンアウトしたりと，長続きしないこともある。長い人生のなかでは，LGBTQであること以外のアイデンティティもあったほうがいいのかもしれない。

VI　さわやかなカミングアウト？　　　──アサーティブ

　前述したように，どのアイデンティティ発達段階にも一長一短はあり，どれかひとつだけが望ましくて目指すべきであるとまでは思わない。しかしアサーション・トレーニングが目指すところと同様に，ノン・アサーティブでもなく，アグレッシブでもなく，アサーティブなカミングアウトのあり方が，もっとも落ち着きがよく，健康で楽し

そうであるという大まかな印象は受ける。

　言いたいのに言えないというノン・アサーティブなあり方は，窮屈で，素直な感情を表現できない。アグレッシブなカミングアウトは，社会正義の実現のためにとても重要であるが，本人が多大なエネルギーを消費してしまう。超人的なエネルギーを投入して大活躍する人々もいるが，全員がそのような生き方を選ぶのは難しいだろう。社会正義を実現することと，個人の生活を充実させることのバランスを取るのは，メンタルヘルスの観点から見れば大事であろう。

　アサーティブなカミングアウトをする人の特徴としては，アイデンティティのすべてがLGBTQであるわけではないというところがポイントのように感じる。LGBTQでもあるのだが，職業人としての自分，友人たちのなかでの自分，趣味に打ち込む自分などのアイデンティティを持ってお

り，それらに投入するエネルギーを取っておくことができて，個人の生活の充実につなげられるようである。

　アサーション・トレーニングでは，アサーティブを目指すという方向性がはっきりと打ち出されている。しかし，言わなすぎるのも，言いすぎるのも，それもまた人生と私は思う。クライエント本人が苦痛を感じ，なんとかしたいと思っている場合にのみ，マイノリティとしてのアイデンティティ発達モデルを参照しながら，若干の方向性を持って面接を進めるようにしている。

▶文献

平木典子（1993）アサーション・トレーニング—さわやかな「自己表現」のために．日本・精神技術研究所．
石丸径一郎（2002）マイノリティ・グループ・アイデンティティ—人はいかにして自らに付与された差異を取り扱うか．東京大学大学院教育学研究科紀要 41 ; 283-290.

🐾[特集] アサーションをはじめよう——コミュニケーションの多元的世界へ

斜面の下に埋まっているもの

権力関係を背景としたコミュニケーションの不成立過程

西井 開 Kai Nishii

立命館大学

I　はじめに

　社会のなかで生きている限り，権力の磁場から逃れることはできない。権力は「等高線」（鄭，2003）のように引かれており，標高ごとに認められる権利や与えられる資源に大きな隔たりがある。誰しもがこの権力の斜面の上に立っている。それは組織内の地位によることもあれば，加害−被害という軸，マジョリティ−マイノリティという軸の上で展開されることもある。社会はより高い標高にいる者を優遇する形で整えられており，それは「言葉」も例外ではない。

　熊谷（2017）が指摘するのは，言葉がマイノリティにとって非常に使い勝手が悪く，彼らのリアリティを言い当てる機能を果たしていない現状である。1970年代以降隆盛した女性解放運動がセクシュアル・ハラスメントやドメスティック・バイオレンスという言葉を作り出すまで，女性の被害が「性的ないたずら」「夫婦喧嘩」と矮小化されてきたことが思い起こされる。

　権力という概念を念頭に置くと，経験が言葉になるまでには膨大な労力と困難が伴うことがわかる。ましてやコミュニケーションを行う二者の間に勾配がある場合，より高い位置にいる者が低い位置にいる者の声を無意識のうちに封殺したり，時には二次加害を加えてしまうこともありうる。裏を返せば，高い位置にいる者も抑圧の不安に駆られてうまく言葉を紡げないという事態も生じてくる。等高線が引かれた斜面には多くの〈語りえなさ〉が埋まっている。コミュニケーションとは本来簡単に成り立つものではない。

　私は何らかの生きづらさを抱える男性の語り合いグループ（以下，「グループ」）を主催している。月1，2回，平均8名程度の男性が集まって，「身体」「家族」「享楽」など毎回テーマに沿って自身の抱える苦悩について語り，聞き合う。参加者の多くが身体，障害，セクシュアリティなどの面で抑圧された経験を持っている。なかには語り合いを通じて，自分が被害を受けていたということに気付くメンバーもいる。抑圧は見えにくい形で現れる。

　本論では，権力関係による〈語りえなさ〉に着目しながら，グループのメンバーであるタカハシさん，マイルさん，そして私（西井）のエピソードを参照する。コミュニケーションの不成立過程を見ることで，その背後にあるものを探っていきたい。

II 「正しい色」と沈黙——［事例1］西井

大学で絵画のワークショップが実施されるというので参加した。マジックを1色ずつ選び，参加者全員で1枚の模造紙に図柄を描き込んで絵を完成させるという内容で，私は何の気なしに「じゃあピンクで」と言ってマジックを手に取った。すると担当の講師が「西井さん，それはグレーですよ」と柔らかく笑って指摘し，他の参加者たちがそれに合わせて私を見て笑った。私はざらりとしたものを感じながらも周りに合わせてへらへらと笑った。

自分の色覚が他の人と違うということを知ったのは小学生の頃だ。赤色が抜けて見える色覚特性で，ピンクとグレー，赤と茶色などの見分けがつきにくい。

過去，医師や交通業務従業員をはじめとする多くの職種に就けない，理系および教育系の学部に進学できない，結婚を断られるなどの色覚少数者への差別が存在した。その後，こうした制限は不当であるという当事者たちの訴えにより，児童全員の色覚特性を検査して「色覚異常者」を検出する色覚検査は2003年に廃止され，現在は就職・就労における制限もほぼ取り払われた。

しかし，制度が是正されても観念の次元で差別は残存している。色覚検査の撤廃によって，色覚が多様であるという事実が忘れられ，たとえば間違った色で絵を描いたという理由で，教師が色覚少数者の子どもを叱るといったケースが少なくないという（川端，2020）。

色覚特性は本来相対的なものであり，同じりんごの色も人によって見え方が異なる。しかしたとえば信号や路線図のように，色分けに社会的なメッセージを持たせる場合，色を社会的に統一しておく必要がある。そうして多数派の色彩感覚に合わせて整えられたのが現行の色彩環境である。多数派の色彩感覚はあらゆる施設や設備，文化に反映されており，その色分けに色覚少数者はついていけない場合がある。

先ほどの場面，私が〈ざらりとしたもの〉の解消を目指すなら，何らかの表明をして講師や周囲に変化を促す手段が取れたのかもしれない。しかし色彩をめぐる非対称を加味した場合，問題はそう単純ではない。取れる選択肢としては，「色の見え方が違う」という社会モデルに寄った表明か，「特性上，色がわかりにくい」という医学モデルに寄った表明があった。しかし私はそのどちらを採用することもできず，沈黙からどうしても逃れることができなかった。

私と彼らの色彩をめぐるリアリティには隔たりがあって，私が「色の見え方が違う」と表明することは，色彩は統一されているという世界線と，色彩は相対的なものであるという世界線の衝突を生起させることになる。草柳（2004）はこうした事態を「リアリティ定義の競合」という概念を用いて説明し，表明する側とされる側の相互行為について論じた。表明する側は相手に問題の改善，ひいてはリアリティ定義の変更を求めるわけだが，時に表明される側は自分の拠って立つ世界を堅持・保守しようと動くため，そこに競合が起きる。

私はこうした競合を起こすことそのものから逃れたかった。小学生の頃，班ごとに旗を作るという図工の授業があり，背景をピンクにしようと決まったのだが，私はそこでも「ピンク」（グレー）を選んでせっせと色を塗った。反対の端から他のクラスメイトがピンクを塗っており，ちょうど重なり合うところで私は自分がピンクと認識していたものが，ピンクではなかったことに気づいた。班員たちが口を揃えて「間違ってるよ」と指摘して，私の「ピンク」をピンクで塗りつぶしていった。

私の表明など脆弱でしかない。「だってピンク色はピンク色じゃないか」というトートロジー的な反論さえも，圧倒的な力と物量を持つ。下手に見え方が違うなどといって，私のリアリティがまた塗りつぶされるかもしれないことを私は恐怖した。

では「特性上，色がわからない」という表明は

どうかといえば，そこにも不安要素が転がっていた。たしかに医学の威を借りて「色覚異常」という当事者性を全面に出して訴えれば，相手は一考を余儀なくされるだろう。しかし同時に定型的な枠組みにカテゴライズされる危険性を引き受けねばならなかった。

　色覚少数者と他者の相互行為を分析し，その過程で付与されるラベルについて検討を加えた徳川（2016）を参考にすれば，大きく2つのラベリングが思い浮かぶ。まず懸念されるのは〈配慮の必要な弱者〉に位置づけられることだった。私は自身の色覚特性で確かに苦労もしてきたが，反面「たいしたことない」とも思っている。色以外（たとえば位置）の情報で判断する，りんごは「赤」なのだと記号的に覚えておくなど，多くの当事者がそうしているように，色の識別ができなくとも独自の工夫でなんとかなっている場合が多い。そのときも私は自分が色覚少数者であることを忘れていた。

　にもかかわらず，重大な何かのように語らざるを得ないことへの違和感。重大な何かを抱えた「他者」として位置づけられる居心地の悪さ。そして「ごめんなさい，配慮が足りなかった」と言われれば，おそらく私は「いえ，たいしたことではないんですが……」と応答しただろう。それは，これまで経験してきた苦労の歴史を否定することに他ならない。「たいしたことない／たいしたことある」の間でそれなりにやりくりしてきた生活が，一気にどちらかに振り切れて，どちらかを切り捨てることを迫られる。表明はその危うい契機になり得た。

　また，より回避したかったのが〈特異な存在〉というラベルである。これまで自分が色覚少数者だとカムアウトしたときに最もなされたのが「これは何色に見える？」という問いかけだった。繰り返し問われることは煩わしかったが，私は自分が他の人とは違う特別な存在になったようで，無邪気にも誇らしさを抱いていた。ただ何度も質問されるうちに，質問者の言葉のなかに「そうか，

これがわからないのか」「気を付けたほうがいいよ」といった表現が含まれていることに気づいて，そのたび，ずんとのしかかるような感覚が沸き起こり，気が滅入った。なぜ劣った存在として位置づけられなければならないのか，なぜ私にばかり色彩への自覚が求められるのか。理不尽さへの疑問と誇らしい気持ちが混線し，私を落ち着かない気分にさせた。

　自身を「色覚異常者」と名指すことで，交渉の際私の主張は通りやすくなるだろう。しかしその代償として，「正常」から切り離された「他者」として自身を見出すことになってしまう。そこでは社会に織り込まれた色彩環境そのものを問い直すという視野は捨象される。

　自分のリアリティを論じようと，もしくは自分を特定の型にはめて説明しようと，どちらにしても不安は募る。もちろん「それはグレーですよ」と指摘された瞬間に，ここまで列挙したいくつかの可能性を思い浮かべて検討したわけではない。色覚特性を巡るこれまでの数々の体験が，柔軟・率直な表明をさせない強張った身体を創り出していた。だから私は沈黙するしかなかったのだ。

III　中心的集団によるサイレンシング ──［事例2］タカハシさん

　グループで〈ざらりとしたもの〉を語りだしたメンバーもいる。当時大学院生だったタカハシさんは，「孤立」をテーマにした回で，所属する学生サークルにおいて中心的な位置にいる集団から疎外された感覚について語った。

　何かイベントがあってもなぜかその集団から声をかけられないし，サークル内の決め事も彼らのなかで内々に決まっている。その集団のなかにいると明確に排除されるわけではないが，「なんでいるの？」という困惑めいた態度を向けられたという。そこでタカハシさんは自分を疎外する理由について，「嫌なことがあるんやったらはっきり言ってくれよ」と問い詰めた。しかし彼らは「何言ってるん？」とまともに取り合わず，その上タ

カハシさんを馬鹿にしてからかったという。

集団への参入をめぐってタカハシさんと彼らの間には非対称性がある。先に「中心」を作ってしまえば，その集団にどうすれば参入できるのか，その資格基準を彼らだけが，しかも自分たちの裁量で自由に決めることができる。もし，理不尽だと訴えられたとしても，参入基準を常に不透明なままにしておけば，明確な理由を説明することなく煙に巻くことができる。

このように，コミュニケーションの場が土台から崩されている場合，訴える側は必死にならざるを得ない。そうすれば中心にいる側は，相手を「必死になっている困った存在」として位置づけて黙らせ，さらなる疎外を図ることができる。攻撃を仕掛ける側が自身の問題を免罪し，その代わりに立場の弱いものを非難するなどして沈黙を強いることを，サイレンシング（沈黙化作用）という。

サイレンシングはミクロな関係性だけでなくマクロな領域でも行われる。たとえば江原（1985）は，第二波フェミニズムが運動のなかで自己主張する術を身につけていった一方で，フェミニズムに批判的な男性たちが「からかい」によって，実に巧妙に女性たちの訴えを無効化したことを指摘している。サイレンシングは社会構造や集団性を背景に行われ，立場の弱い者は何を言っても聞き届けられないという，絶え間ない徒労感の沼に侵されていく。タカハシさんは最終的にそのサークルを辞めるに至った。

IV　吃音と怒り——［事例3］マイルさん

マイルさんは，表明や訴えの実践を積み上げてきたメンバーだ。彼は吃音の当事者で，多くの困難を強いられた経験を持つ。先日起きた出来事について教えてもらった。

マイルさんが暮らしている寮の事務当番をしていると，郵便配達員がある寮生宛ての荷物を運んできた。着払いなのでその寮生を呼び出すことになったが，吃音で館内放送ができないため，別の事務員にやってもらおうとした。ところがその人がちょうど他の用事をしていたため，「少し待ってください」と配達員に伝えたところ，焦れたのか配達員が「はよしてくださいよ！」と机を叩いて怒鳴ってきたという。マイルさんはとっさに，「障害があってできひんのですよ！」と同じく机を叩いて怒鳴り返し，「障害者差別ですよ！」と怒りをこめて付け加えた。配達員はぽかんとした顔のまま，何も謝罪せず帰っていったという。

この配達員はマイルさんに吃音があることを知らない。しかし相手が何かしらの理由で館内放送ができないということへの想像力が働いておらず，そこには誰しもが整然と語ることができるという，発話をめぐる社会規範が内面化されている。配達員のリアリティのなかで，吃音などの身体的特性はないことになっており，そのことが婉曲的にマイルさんを抑圧した。

この経験にマイルさんは傷ついたが，以前に比べればダメージは少なく済んだという。なぜか。マイルさんが書いた中学・高校でのエピソードを引用し，比較してみたい。

　ぼくの吃音は学校ではタブーになっていて，誰もふれませんが，しかし授業などで当てられるとどもります。そのときがいたたまれなくて，強くどもると毎回，机につっぷして寝てるふりをして泣き，十分間の休憩時間に涙が見えないようにトイレの個室に駆け込み，授業開始の鐘が鳴るまでずっと泣き，誰もいなくなった折をみて洗面台で涙の跡がないか確認し，こっそりクラスに戻るということを中一から高二まで続けました。（中略）結局，誰も対話してくれませんでした。　　　　（マイル，2020）

配達員と同様，この担任も意図的にマイルさんに攻撃を加えていたわけではない。もしかしたら他の学生と同じように関わらないといけない，と思っていたかもしれない。しかし担任のその無知によって，マイルさんは大きな心理的ダメージを受けていた。

有色人種や女性，性的マイノリティといった被抑圧集団に属していることを理由として，日常的な何気ないやりとりのうちに受ける攻撃的なメッセージをマイクロアグレッションという（Sue, 2010/2020）。相手を脅かし，貶める行為を働いたことに加害者が気づかないこと（むしろ善意で行っている場合さえある），その一方で被害者は恒常的・継続的に直面するため，自尊心や精神的活力に甚大なダメージを受けることなどがその主な特徴として挙げられる。また，明示的な侮辱，相手の出自や文化の価値の貶め，特定の集団の人々の経験や感情の無視，否定，無価値化など，さまざまな形態を取ることが指摘されている。

マイルさんの経験は，吃音という特性やそのリアリティがないことにされているという点において，マイクロアグレッションの特徴と大きく重なっていると考えられる。

大学に進学したマイルさんは次第に自分に吃音があるということを伝える術を身につけ，周囲に理解してもらうようになった。しかし伝達がいつでもうまくいくわけではなく，吃音をあげつらう相手や，無理解かつ高圧的な態度で迫ってくる相手には沈黙を強いられてきたという。マイクロアグレッションは曖昧であるがゆえに，受けたとしてもそれが差別的行為かどうかを断定できない，どう応答していいかわからない，応答できるようになる前に出来事が過ぎ去ってしまう，といった事態を引き起こす。冷静に要点をまとめて伝えるということは，権力差のある関係では非常に困難な作業であり，被害者は何もできない無力感を募らせていく。

しかし，マイルさんは配達員とのやりとりにおいて，「怒る」という戦略を取ることで，なんとか声を発することに成功した。最近練習もしてきたのだという。沈黙ではなく怒ることが彼の心理的負担を軽減させた。それは〈ないことにされたリアリティ〉が存在するための余白を創り出す実践だったのかもしれない。

Ⅴ　受け取る作法

以上，ラベリング，サイレンシング，マイクロアグレッションといった概念を補助線にしながら，権力関係によるコミュニケーションの不成立を見てきた。この3つの事例が示すのは，リアリティ定義権の不均衡，コミュニケーションを展開するための土台の陥没といった社会的要因の存在である。そして社会のなかでより大きな権力を持つ者ほど，その構成と維持に深く関わっている。

自身の被抑圧経験を訴える者が，圧倒的な「正しさ」のもと周囲からバッシングされたり，望まないラベルを付与されたりする例は限りなく存在する。沈黙は非対称性のなかで生じざるを得ないものであり，時にそれは自己防衛としても機能する。また沈黙を強いられた者が，怒ることでようやく言葉を発することができるという局面も少なからずある。

ところが，「より良い」コミュニケーションを求めるという名目で，積極的に話すことや冷静に話すことを追求する価値観が力を持つことがままある。こうした社会状況では，沈黙や怒りは否定的なまなざしを向けられ，時に「行動力が欠如している」「攻撃的な性格である」とラベリングされて，立場の弱い者がさらに周縁へと追いやられる危険がある。権力関係が不可視化されて，〈語りえないもの〉はより深く埋もれていく。

そもそも個人が持つリアリティは，積極的・冷静に語り出せるほど整っていないことが多い。それがどのような姿形をしているのか，語ってみるまで自分にもわからないこともある。

私たちのグループには「語りを否定しない，遮らない」というルールが設定されていて，どの語りも最後まで聞き届けられる。また，似たような経験を持つメンバーの存在が安心感を生むのか，この構造化された空間のなかでは，未整理でどっちつかずのナラティヴが紡がれることがある。時系列が混線していたり，主語と目的語がはっきりしていなかったり，あらかた話した上で「いや違

うな」と内容を否定して改めて話し出されたりするなど，要領を得ない。私たちはそれを〈うねうね語り〉と呼んでいる。

逆ではないかと思う。つまり，権力勾配が存在する間柄でコミュニケーションを成立させるために目指されるべきは，立場の低い者が自己主張の技術を向上させることではなく，むしろ立場の強い者が受け取ること，受け取ろうとすることなのではないか。お互いの間にある権力差や非対称性と〈語りえなさ〉に思いを巡らせ，そしてもし相手のリアリティが地面から顔を出したならば，丁寧に迎え入れる。既存の枠組みで理解しようとせずに，どこに行くかわからない〈うねうね〉についていく。このような「受け取る作法」を私たちはどれだけ育めるだろうか。

▶付記

本稿は 2020 年度日本学術振興会科学研究費補助金（特別研究員（DC2）奨励費）の研究成果の一部である。

▶文献

鄭暎惠(2003)〈民が代〉斉唱─アイデンティティ・国民国家・ジェンダー．岩波書店．

江原由美子（1985）女性解放という思想．勁草書房．

川端裕人（2020）「色のふしぎ」と不思議な社会─2020 年代の「色覚」原論．筑摩書房．

熊谷晋一郎(2017)みんなの当事者研究．In:熊谷晋一郎 編：臨床心理学増刊第 9 号(みんなの当事者研究)．金剛出版，pp.2-9．

草柳千早（2004）「曖昧な生きづらさ」と社会─クレイム申し立ての社会学．世界思想社．

マイル（2020）人をがんばってバカにしてしまう病の研究．In：ぼくらの非モテ研究会 編著：モテないけど生きてます─苦悩する男たちの当事者研究．青弓社．

Sue DW（2010）Microaggression in Everyday : Race, Gender, and Sexual Orientation. Wiley.（マイクロアグレッション研究会 訳（2020）日常生活に埋め込まれたマイクロアグレッション─人種，ジェンダー，性的指向：マイノリティに向けられる無意識の差別．明石書店）

徳川直人(2016)色覚差別と語りづらさの社会学─エピファニーと声と耳．生活書院．

臨床心理学

Vol.21 No.1（通巻121号）［特集］**臨床心理アセスメント**──プロフェッショナルの極意と技法

★ 好評発売中 ★

★ 欠号および各号の内容につきましては，弊社のホームページ（https://www.kongoshuppan.co.jp/）に詳細が載っております。ぜひご覧下さい。

◉ B5判・平均150頁　◉ 隔月刊（奇数月10日発売）　◉ 本誌1,600円・増刊2,400円／年間定期購読料12,000円（税別）※年間定期購読のお申し込みに限り送料弊社負担

◉ お申し込み方法　書店注文カウンターにてお申し込み下さい。ご注文の際には係員に「2001年創刊」と「書籍扱い」である旨，お申し伝え下さい。直送をご希望の方は，弊社営業部までご連絡下さい。

◉「富士山マガジンサービス」（雑誌のオンライン書店）にて新たに雑誌の月額払いサービスを開始いたしました。月額払いサービスは，雑誌を定期的にお届けし，配送した冊数分をその月ごとに請求するサービスです。月々のご精算のため支払負担が軽く，いつでも解約可能です。

 金剛出版　〒112-0005　東京都文京区水道1-5-16　URL https://www.kongoshuppan.co.jp/
Tel. 03-3815-6661　Fax. 03-3818-6848　e-mail eigyo@kongoshuppan.co.jp

実践研究論文の投稿のお誘い

　『臨床心理学』誌の投稿欄は，臨床心理学における実践研究の発展を目指しています。一人でも多くの臨床家が研究活動に関わり，対象や臨床現場に合った多様な研究方法が開発・発展され，研究の質が高まることで，臨床心理学における「エビデンス」について活発な議論が展開されることを望んでいます。そして，研究から得られた知見が臨床家だけでなく，対人援助に関わる人たちの役に立ち，そして政策にも影響を与えるように社会的な有用性をもつことがさらに大きな目標になります。本誌投稿欄では，読者とともに臨床心理学の将来を作っていくための場となるように，数多くの優れた研究と実践の取り組みを紹介していきます。

　本誌投稿欄では，臨床心理学の実践活動に関わる論文の投稿を受け付けています。実践研究という場合，実践の場である臨床現場で集めたデータを対象としていること，実践活動そのものを対象としていること，実践活動に役立つ基礎的研究などを広く含みます。また，臨床心理学的介入の効果，プロセス，実践家の訓練と職業的成長，心理的支援活動のあり方など，臨床心理学実践のすべての側面を含みます。

　論文は，以下の5区分の種別を対象とします。

論文種別	規定枚数
①原著論文	40 枚
②理論・研究法論文	40 枚
③系統的事例研究論文	40 枚
④展望・レビュー論文	40 枚
⑤資料論文	20 枚

　①「原著論文」と⑤「資料論文」は，系統的な方法に基づいた研究論文が対象となります。明確な研究計画を立てたうえで，心理学の研究方法に沿って実施された研究に基づいた論文です。新たに，臨床理論および研究方法を紹介する，②「理論・研究法論文」も投稿の対象として加えました。ここには，新たな臨床概念，介入技法，研究方法，訓練方法の紹介，論争となるトピックに関する検討が含まれます。理論家，臨床家，研究者，訓練者に刺激を与える実践と関連するテーマに関して具体例を通して解説する論文を広く含みます。④「展望・レビュー論文」は，テーマとなる事柄に関して，幅広く系統的な先行研究のレビューに基づいて論を展開し，重要な研究領域や臨床的問題を具体的に示すことが期待されます。

　③「系統的事例研究論文」については，単なる実施事例の報告ではなく，以下の基準を満たしていることが必要です。

①当該事例が選ばれた理由・意義が明確である，新たな知見を提供する，これまでの通説の反証となる，特異な事例として注目に値する，事例研究以外の方法では接近できない（または事例研究法によってはじめて接近が可能になる），などの根拠が明確である。
②適切な先行研究のレビューがなされており，研究の背景が明確に示される。
③データ収集および分析が系統的な方法に導かれており，その分析プロセスに関する信憑性が示される。
④できる限り，クライエントの改善に関して客観的な指標を示す。

　本誌投稿欄は，厳格な査読システムをとっています。査読委員長または査読副委員長が，投稿論文のテーマおよび方法からふさわしい査読者2名を指名し，それぞれが独立して査読を行います。査読者は，査読委員およびその分野において顕著な研究業績をもつ研究者に依頼します。投稿者の氏名，所属に関する情報は排除し，匿名性を維持し，独立性があり，公平で迅速な査読審査を目指しています。

　投稿論文で発表される研究は，投稿者の所属団体の倫理規定に基づいて，協力者・参加者のプライバシーと人権の保護に十分に配慮したうえで実施されたことを示してください。所属機関または研究実施機関において倫理審査，またはそれに代わる審査を受け，承認を受けていることを原則とします。

　本誌は，第9巻第1号より，基礎的な研究に加えて，臨床心理学にとどまらず，教育，発達実践，社会実践も含めた「従来の慣習にとらわれない発想」の論文の募集を始めました。このたび，より多くの方々から投稿していただけるように，さらに投稿論文の幅を広げました。世界的にエビデンスを重視する動きがあるなかで，さまざまな研究方法の可能性を検討し，研究対象も広げていくことが，日本においても急務です。そのために日本の実践家や研究者が，成果を発表する場所を作り，活発に議論できることを祈念しております。

（査読委員長：岩壁 茂）（2017年3月10日改訂）

好評既刊

Ψ金剛出版　〒112-0005　東京都文京区水道1-5-16　Tel. 03-3815-6661　Fax. 03-3818-6848
e-mail eigyo@kongoshuppan.co.jp　URL https://www.kongoshuppan.co.jp/

ビジネスパーソンのための
アサーション入門

[著] 平木典子　金井壽宏

もし，私用があるのに残業を頼まれたらどうすればいいだろう？　引き受けるか？　断るか？　このようなとき，ひとつの正解があるわけではない。「自分はどうしたいのか？」を自らに問い，自分が思うように動くことができればいいのである。そのためのコミュニケーション術として活用できるのがアサーションである。アサーションの平木典子と経営学組織行動論の金井壽宏のコラボレーションにより，心理学と経営学の架け橋となる1冊がここに完成した。　　　　　　　　　　　　　　本体2,000円＋税

あなたのカウンセリングがみるみる変わる!
感情を癒す実践メソッド

[著] 花川ゆう子

感情理論，愛着理論，トランスフォーマンス理論をベースとするAEDP（Accelerated Experiential Dynamic Psychotherapy：加速化体験力動療法），なかでもカウンセリングスキルの基本中の基本ながらあまり知られていない，クライエントの感情やカウンセラーとの関係の「トラッキング（追跡＝探索＝分析）」にフォーカス。逐語録として登場する豊富な事例はセッションの実際を生き生きと伝え，まるで個人レッスンを受けるようにAEDPを学ぶことができる。今まさに変わろうとするクライエントをやさしく支える，一歩先へ進むためのカウンセリングガイド。　　　　　本体3,200円＋税

アサーティブ・トレーニング
ガイドブック
みんなが笑顔になるために

[著] 海原純子

アサーティブとは，相手も自分も「OK」というゴールを目指すコミュニケーションである。日常会話の中で「仕方なく……」と妥協した返事になることはないだろうか？　自分が思っていることを言わずに溜めたままにしていると，本当の感情がわからなくなってしまったり，溜めていることのストレスによって身体のさまざまな部分に不調が現れたりする。そうなる前に，本書を使いアサーティブについて学んでみよう！　　　　　本体2,200円＋税

［責任編集］
森岡正芳
MASAYOSHI MORIOKA

治療は文化である

［連載｜第2回］
文化×物語＝社会

［一般財団法人精神医学研究所附属
東京武蔵野病院］　江口重幸／東畑開人　［十文字学園女子大学］
［白金高輪カウンセリングルーム］

2020年9月から12月にかけて,『臨床心理学』増刊第12号「治療は文化である」の刊行を記念する3つのオンライン・トークセッションが開催されました。トークセッションの記録を全3回の連載形式にてお届けします。　◉編集部

Ⅰ　物語論的転回——人類学的方法論からの跳躍

東畑　『臨床心理学』増刊第12号で,江口さんは「ケアをめぐる北西航路」(江口,2020)という論文を書かれていて,この対談のテーマ「文化×物語＝社会」もそこから着想を得ています。論文では「物語」が重要な概念として取り上げられ,「物語」を軸にした近代精神医学とは違った経路が「北西航路」と呼ばれています。江口さんが「文化」を語るときのひとつの切り口が「物語」だと思うんですよね。一方で,滋賀の村落でのフィールドワークをまとめた初期の大名作論文,通称「狐憑き論文」(江口,1987)では,物語だけでなく,村落共同体,経済構造,人口構成といった「社会」に焦点が当てられています。

　この2つの論文には,文化をめぐる2つの思考法の原型があるように思うんです。「物語」から文化を考えることと「社会」から文化を考えること,あるいは「物語」から臨床を考えることと「社会」から臨床を考えること,この2つの切り口があるなかで,江口さんはおそらく自覚的に「物語」のほうへ向かったのだと思います。最初に,このテーマからお話をお聞かせいただけますか。

江口　当初は,「狐憑き論文」のように,エスノグラフィという人類学的方法を用いて精神医療の問題にアプローチしようと考えていました。あれは大学卒業後の約10年間,ちょうど僕が関西にいたときのことで,自分なりの「人類学的(エスノグラフィック)なもの」を模索していた時期です。それから東京に戻って当時の都立豊島病院に勤務するのですが,とてもフィールドワークができるような環境ではなく,一度はいわゆる普通の良き臨床医を目指したわけです。しかし総合病院で,一気呵成にライフヒストリーを話して短期間で亡くなってしまう身体科の患者さんに次々出会ったりして,困惑することばかりでした。

　病院での仕事の大半はそうしたリエゾン精神医学でしたが,当時は「死にゆく人のケアをどうするか」を論じた書籍も論文もなく,どうしたらいいのかわからずにいたとき,アーサー・クラインマンの『病いの語り』(Kleinman, 1988)に出会います。ちなみに「狐憑き論文」のときは,彼の『臨床人類学』(Kleinman, 1981)が大変参考にな

りました。二度目の決定的出会いということになります。

東畑　『臨床人類学』は大変な名著ですよね。

江口　ええ、これが現在絶版になっているのはまったく惜しいと思いますね。『臨床人類学』はクラインマンが台湾でフィールドワークをしたもので、その後の『病いの語り』では、ふたたび臨床に還って、同様の問題意識から臨床素材に対峙するものでした。典型的な「外に出かけていく」人類学的アプローチではありませんが、精神医療が自分にとっての人類学的フィールドであることを、クラインマンの著作に教えてもらいました。日々の一対一の臨床経験にも、狐憑きの山村へ赴くのと同じ方法が使えるのではないか、むしろそれが医療人類学の本道である——そう言われた気になりました。そして、そのためにはこてこての人類学的な装備ではなく、もっと違う形、つまり物語や語りから入っていくことで民族誌的な方法に結びつけられるのではないかと思うようになりました。

東畑　僕は中古の『臨床人類学』を3万円で買ったのですが（笑）、台湾をフィールドワークして、シャーマニズムと東洋医学と西洋医学の3つがどう共存し影響し合いながら、ローカルなヘルスケアシステムを作り上げているのかを描いた大傑作です。社会構造というマクロと臨床というミクロを両眼視しているわけです。そういうわけで僕は初期クラインマンがとても好きなのですが、逆に『病いの語り』以降のケアをめぐる著作については、自分がまだ若いせいか真価をつかめないでいます。大きな構造を語っていた人が、小さな物語へと関心を移していったのはなぜなのか。この「社会から物語へ」というクラインマンの変化は江口さんの歩みでもあるわけです。ここを後輩としては知りたい。

　先ほどおっしゃっていたのは、「シャーマンを見るように、狐憑きを見るように、臨床を見る」ということですよね。ただ、見る対象と見る姿勢は一緒だとしても、社会が見えていたところに物語を見るというのは、やはりただ見えたものをそのまま写し取ったわけではなく、そこには認識論的切断があるのだと思います。

江口　それはきっと、いくつかの側面から語ることのできるテーマですね。ひとつには、ハーバード・グループの医療人類学の潮流が大きく影響していると言えそうです。『臨床人類学』は台湾での調査に基づくクラインマンの博士論文ですが、その後の歩みは結構複雑です。ハーバード大学の社会医学科に移り、そこで工夫された臨床方法を一般に広く伝えること、しかも遠くの異国に赴く形ではなく、一般的な医学生や臨床家や研究者にどう伝えていくのかがテーマになっていきます。

　ちょうど僕が大学を卒業した1977年、クラインマンが編集主幹の『Culture, Medicine and Psychiatry』という季刊雑誌が創刊されました（余談ですが、この雑誌に「狐憑き論文」を投稿するのが僕の初期の目標でしたが、それはさておき……）。その後、この雑誌を触媒にして医療人類学の三大論争と僕が勝手に名づけているものが巻き起こります。第一に、「説明モデル」について、アラン・ヤング（Young, 1981）が、認知や応答はそんな合理的なものではないと反論を展開することになります。第二に、文化結合症候群をめぐる長く続く論争があり、そして第三に、批判的医療人類学をめぐる論争が起こる。こうした雑誌の論文を読みながら、さまざまな批判に応えつつどう考えるべきか、当時は遠い日本で、練習問題みたいに考えていたことを思い出します。なかでも批判的（critical）人類学か臨床的（clinical）人類学かという議論は有名ですから、みなさんご存じだとは思いますが……

東畑　いや、僕も全然知らないので（笑）。

江口　人類学の概念を臨床に限定して使用することへの批判になるのですが、北米のある学会の人類学パネルディスカッションを戯画化して、ナンシー・シェパー＝ヒューズ（Scheper-Hughes, 1990）はこう記しました。「川上からどんどん瀕死の病者が流れてくる、それを助けて蘇生すると、

また流されてくる」。そこでパネリストのアプロー
チが紹介されました。第一に，ラディカルなマル
クス主義人類学の人たち（ハンス・ベアー）は，
川上にある資本主義体制が産み出す不健康や病気
の元凶を見極めようと川上を目指す。第二に，マ
イケル・タウシグのように，現地の人の記した謎
めいた文書を収めた瓶が上流から流れてくるのを
見つけ，それを解読しようと藪のなかに入って探
索しようとする人類学者がいる。そして第三がク
ラインマンのアプローチなのですが，川の土手の
手前にとどまり続け治療者−患者関係を語り合っ
ているだけであると紹介される。これは不健康や
病気を産み出す資本主義体制に肉迫しない，実に
些末なアプローチだという揶揄を含んだものです
が，そういう批判が一方では確かにあったのです。

東畑　なるほど……

江口　僕の思春期・青年期は学生運動の全盛期で，
反精神医学の時代でした。1980年のDSM-IIIの
登場に象徴されるように，それが急速に下火に
なっていったあとなので，1990年代になって「ク
リニックから革命を」と言ったり，先ほどのメタ
ファーを使うなら，健康を害する上流の資本主義
的生産様式にアプローチをしなくてはならないと
言ったりする主張に対して，なんて言えばいいの
か，そういうものではないでしょうと醒めたスタ
ンスでした……

東畑　社会運動を経た後だからこそ，「大きな戦
い」ならざるものを志向したということでしょう
か？

江口　そうですね。こんなことを言うのはある意
味失礼なのですが，一番弱そうで，議論をしたら
負けそうだからこそ，クラインマンやバイロン・
グッドのアプローチを採ろうと思ったんです。彼
らのアプローチの中心にあるのは「説明モデル」
で，その核心には物語（ナラティヴ）がある。一般臨床場面で使
える方法へと鍛え上げるには，物語（ナラティヴ）に注目する必
要があると思ったわけです。

II　レジスタンス——ローカルとジェネラルの相克

東畑　今の話を聞いていて思ったのですが，文化
をめぐる臨床的思考というものが，僕らの業界に
は脈々とあるわけですよね。その本質は何かとい
うと，「アンチであること」だと思うんですね。
つまり，何かに対するオブジェクションやレジス
タンスとして，文化概念が機能するいうことです。
実際，今回の増刊号にもどこか体制批判的なとこ
ろがありますよね。先ほどの話から，「江口さん
は何と戦っていたのか」ということが，ちょっと
わかった気がしました。一方でバイオメディスン
と戦いながら，もう一方で社会運動的な反精神医
学への戦いがあったということでしょうか？

江口　いや，反精神医学には過剰なまでの愛着が
あるんです。反精神医学は反体制的でもあるので
すが，もともとは患者その人の経験に近づこうと
する現象学的な理論＝実践運動なのだと思いま
す。それに，クラインマンらのアプローチを実行
するにしても，そこには大きな課題もありました。
北米や日本の医療機関から派生した健康概念をよ
そに持ち込んで済むような話ではないし，そこで
はまったく別の方法や視点が必要だと思いまし
た。さらに，ローカライズされた日本でアプロー
チするとしても，健康保険制度などまったく異な
る制度的なコンテクストを考えなくてはいけない
というように，複数の評価軸があるんでしょう。

東畑　評価の問題は非常に重要だと思います。文
化を考えるうえで最もクリティカルかつ重要なの
は，この健康概念というものを相対化することで
はないか，と思うからです。特に臨床において何
が「健康」であるのかを問うと，そこにはおそら
く「価値」，何が良くて何が悪いのかという評価
軸が入り込んできます。文化という視点をくぐら
せることで，ドミナントな健康概念に対するオブ
ジェクションが語れる，つまり健康概念をローカ
ライズできると思うんです。

江口　それはすごく重要な論点だと思います。臨
床家は現場に埋め込まれて臨床活動をしているか

ら，なるべくその場で有効なものを研ぎ澄まして
いこうとする。ただ，その時その場で有効だった
ものは特定の時代や文化的背景のなかで成立して
いるから，ちょっと文脈がずれると，まったく的
外れにもなりかねない。それこそ東畑さんが言っ
ている「平成のありふれた心理療法（HAP）」（東
畑，2020）みたいに。平成という時代には整合的
に埋め込まれているけれど，少し視点を広げたら
どうなるのか，ということは絶えず問われる。僕
を含めてですが，日常臨床家はそうしたコンテク
ストを削ぎ落としているところがあるんじゃない
かと思います。

東畑　今の部分，もう少し教えてください。「削
ぎ落す」というのは，具体的にどのようなことで
しょうか？

江口　つまり，今この時代のこの場所で一番有効
と思われるものがあるわけです。クラインマンの
『臨床人類学』にも，要するに治療や治癒とはあ
る社会で是認されている治療・治癒像にどう適合
させるかであって，単に治るか／治らないかとい
うことではない，と書かれています。考えてみれ
ばすごい結論ですよね。おそらく東畑さんの論文
とも重なってきますが，サイコセラピーの方法は
多元的で，その時にその臨床家が働いている場所
で一番有効な技法と思われるものがあります。た
とえば関東，関西でもずいぶん違うし，沖縄を入
れるとさらに違ったものになりそうですが，僕た
ちは臨床において「今まさに有効なもの」を選択
している。しかもそれを全体に広げるわけでもな
く，今この場に相応しいものを錬え上げていく。
「ありふれた」という形に落とし込んでいくこと
には，そういったポジティヴな部分があります。
その意味でも，東畑さんの論文「平成のありふれ
た心理療法」は，すごくインパクトのあるものだ
と思いました。読後の評価はどのようなものでし
たか？

東畑　あの論文は，あえて論争的に書いているん
ですよね。ある時代に対するオブジェクションを
唱えていて。先ほど，文化とはアンチテーゼの方

法であるという話をしましたが，まさにそれを地
で行くような論文です。いつか「大論争」という
ものを経験してみたいものですが，実際には論争
的に書いても論争にはなっていませんね。ここ
10〜20年ほどは，精神医学でも同様だと思うの
ですが，学問の世界に論争自体が起こらなくなっ
ていますよね。せっかく論争したいと思って書い
たのに（笑）。

江口　僕は，東畑さんの『日本のありふれた心理
療法』（東畑，2017）や訳書『心理療法家の人類
学』（Davies, 2009/2018）を読んできて，そこへ
今回の論文も読んでみると，「あぁ，こういうこ
とを考えていたのか」と，ようやくわかった気が
したんです。ひとつは，エスノグラフィックなア
プローチでミクロな部分に関心を寄せ，さらにも
うちょっと違う視点，歴史的な文脈から見たらど
うなるのかを見たいという，2つに引き裂かれた
ところがあると考えました。これは僕たちに共通
するところでもありますよね。こんなことを言っ
ていいのかわかりませんが，東畑さんには，タコ
ツボ化している臨床心理学を外部に開いて，相互
に行き来するオープンなものにしたいという思い
があるのですね。そして，それには人類学者の視
点が必要だということを，何度も強調されていま
す。

　僕の知るベテランの心理臨床家に東畑さんの論
文を読んでもらったところ，2つの感想がありま
した。ひとつは「非常によくわかる」というも
の。もうひとつは，その場に一番適合して有効な
治療技法を磨いていこうとしている様を「平成の
ありふれた心理療法（HAP）」とグルーピングし
ているけれど，それに抵抗を覚えるというもので
した。「あくまで自分は自分である」のだから「平
成のありふれた心理療法（HAP）」と括られるこ
とに抵抗を覚えた人もいたようです。これはまさ
にウィリアム・ジェイムズが『宗教的経験の諸相』
（James, 1907/1969-1970）のはじめの部分で書い
たような，「俺はたしかにカニだけど，俺自身な
んだ。甲殻類なんかに分類するな！」といった反

応に近いです（笑）。

東畑　なるほど。

江口　僕自身は，「平成」でも「プレ平成」でもなく，あえて言えば「19世紀枠」みたいな存在なので（笑），何の抵抗もないんですけど，反論する人たちが言うように，ローカライズされたいろいろな治療があるのはたしかです。ただし，たとえば沖縄の料理人ならアオブダイを調理できなくてはならないけれど，東京ではその技術は必要ないし，同様にホヤを調理する東北の料理人の腕は沖縄の料理人には必要ない。おそらく治療者の技術も料理人のそれと同じく「ローカル・ノレッジ（local knowledge）」（Geertz, 1983）で成り立っていて，その場でどう活かして有効かというのが争点になるから，歴史的背景から集合的に語られることに抵抗を覚える人が出てくる。

東畑　それはおっしゃる通りで，あの論文にはおそらく2つの文脈があります。ひとつは，「各現場にはそれにマッチした治療法がある」というものです。普遍的に有効な治療なんてなくて，それぞれのローカルな条件において何が有効かという多元的思考を主張する立場です。これは臨床的には当然そうなるわけですね。そのうえで，もうひとつの文脈として，「平成」から「ポスト平成」という歴史軸を編み込んでいます。ただ，この歴史軸を示すことは，基本的に暴力的なことだと思います。それは相対化しているように見せて，実際には物語，つまり「価値」を入り込ませているわけですから。

　ここがあの論文が論争的であることにも関わります。この10〜20年の臨床心理学は，高度に専門化された代わりにタコツボ化して，自分たちの小宇宙のなかでは高度な臨床ができるようになった。だけど，学問としての自由，つまり批判精神は失われてしまった。「ギルド化が進んで，あるべき学問的コミュニティではなくなっているのではないか」という問題意識が，僕にはずっとあるんです。

　ただ，あの論文への反論は予想された反応でも

あると思っています。人類学的思考をインストールしたり文化を考えたりすることは，先ほども言ったように本質的にアンチテーゼの意味があって，どこかで誰かを傷つける要素があるからです。「カニではなく甲殻類である」とロジックの次元を一段上げたり，「比較」という方法によって日常性を相対化したりすることは，ローカルに埋没している視点から解放する意味もあるけれど，ローカルに生きている人を傷つけもする……このような両義性があるんじゃないでしょうか。

III　越境の作法

江口　ご指摘の通りだと思いますね。人類学者というものはエスノグラフィに関心をもてばもつほど，もう一人の人類学者みたいな存在を必要とするんでしょう。フィールドワークだけをしているわけにはいかなくて，「その結果，歴史的にはどう考えられるのか」と検証せずには済まなくなる。アンチテーゼとして統合失調症をめぐる医療人類学を提出しようとしても（Luhrmann & Marrow, 2016），やはりミクロとマクロという2つの視点を自分に科すことになる。

東畑　江口さんと僕はさらに入り組んだところにいるのではないかと思うんです。というのも，少なくとも僕はきちんとトレーニングを受けた「人類学者」ではないからです。宮地尚子さんの『トラウマにふれる』（宮地, 2020）のなかでも，医療人類学と精神医学という両方の立場を維持してきた御自身のことを「ネイティブ人類学者」というメタファーで語られています。つまり，ネイティブ＝現地民であると同時に，人類学的な思考をするアウトサイダーでもあるということです。すると現地コミュニティの人たちからは「あいつは人類学者を気取って外から見ている」と言われ，本職の人類学者からは「あいつは結局ネイティブだから」と言われて，どちらにも身の置きどころがなくなる。

　これは非常によくわかる話です。臨床をやりながら人類学するというのは，自分の臨床そのもの

が人類学的なクリティークにさらされるという構造に置かれるから，居心地の悪さがあります。それはある意味では自己破壊的な試みでもあるけれど，ここに臨床的な意味もある。でも……居るのはつらいよ，です。「ネイティブ人類学者感」こそ臨床における文化的思考の置かれている位置であり，またこの増刊号の置かれている位置じゃないかと思うんですよ。

江口　なるほどね。逆に，僕が医療人類学を専門にしていると言っても，人類学の専門家から「嘘だろう」と言われることはなかったですよ。先ほどの話には，専門職の資格問題も絡んでいると思います。

東畑　といいますと？

江口　人類学って（やや理想化しすぎかもしれないですけど），「野原」とか「広場」なんですよ。つまり境界がない。だから「自分は人類学者だ」と自称して人類学の研究会で発表しても，少なくとも人類学の専門家から「拙劣な発表だけど，まぁ仕方ないでしょ」と話は聴いてもらえる。ですが別の領域，たとえば医療・臨床系の領域はどこも制度化・資格化されているから，いきなり「自分は○○セラピストだ」と言っても認めてもらえないですよね。この学問の枠の自由度は人類学の魅力です。僕自身，医療人類学を大幅に取り入れている自覚はありますが，自分を「ネイティブ人類学者」だとは思ったことはなくて……自分の立場や視点はいろいろですが，最終的には勤務医で臨床家なんでしょう。専門分野という欄があれば「医療人類学・文化精神医学」と書いちゃいますけどね（笑）。そう書いてはいるけれど，実際に書いている論文は許される枠内で臨床的言説を取り込み，精神医療の裾野を広げていくのが自分のテーマだと考えています。

東畑　なるほど……逆に，僕はすごく引き裂かれていますね。臨床をやっているときって，ベタに臨床心理士なんですよ。それこそ僕は「ありふれた臨床心理士」をアイデンティティにしていて，普通のことを着実にやろうと思っています。だけ

ど，こうやって対談したり，論文や本を書くときには，そのベタな自分をメタに語っています。今回の「平成のありふれた心理療法」みたいな論文なんかには，そういう強く引き裂かれている感覚，自分が二重化されているような居心地の悪さがあります。だから，江口さんの発言は意外でしたね……

江口　それはよくわかります。感じたり実践したりしていることはおそらく同じだと思う。「どうしてこんなに裾野を広げて余計なことをやって，今回の論文みたいに北西航路の話をしたりするのか。もっと違うコアなテーマ，たとえばケアとその歴史的考察を書けばいいのに，どうして探検記の話なんてするんだろう」……そうやって突き詰めていくと，おそらく東畑さんがおっしゃることに突き当たるはずです。ただ，そこは何か違うアイデンティティで書いているのか，自分ではよくわからないなぁ……

東畑　江口さんはいつもメタ的な視点から論文を書かれていて，『病いは物語である』（江口，2019b）も非常に抽象度の高い角度から鋭い整理をされていますよね。ひとつひとつの臨床を虫の目で見るのとは違う臨床観，たとえば啓蒙主義の系譜にあるといった別のまなざしで書かれています。

江口　たしかにそうですね。そこにはいくつかの軸があります。長く医療人類学をテーマにしてきたけれど，ある時点で，東畑さんと同じように歴史的視点の重要性に気づいたからでしょう。そのときにジャン＝マルタン・シャルコーやピエール・ジャネに関心が向かって，自分の日常臨床がそこにつながる道が見えてきて，まったく異なる視点から精神医学・心理学を見つめ直すことになった。それがアンリ・エレンベルガー（Ellenberger, 1970）への関心にも結びつき，そこからやや鳥瞰図的に歴史を見ようとする視点を取り入れることになったんです。エレンベルガーが精神医学史と文化精神医学（ethnopsychiatry）の両方に関心を向ける理由が，今では少しですがわかるように

なっています。

東畑　まさにジャネの話をしたいと思っていたところです。ジャネの本を読むと、フロイトと違って比較文化論的なまなざしが根底にあって、いろいろな治療法を相対化したうえで自分の治療を打ち出しているように見えます。ベタからメタへ、メタからベタへという思考の往還があります。一方、フロイトのほうは、現象を説明する専門用語を生み出しながら自分のコスモロジーを構築していきますね。ジャネはあくまで開かれた比較に留まって、フロイトのようにコスモロジーを構築することはない。これは治療者の2つの類型という気もしていて、1つのコスモロジーに深くコミットしていくタイプと、複数のコスモスを一歩引いて見るタイプ、この2つがあるように思います。江口さんがジャネに惹かれたのは、コスモロジー内部に入り込むだけではなく、外側から複数のコスモスたちを眺める視点がジャネにはあったからでしょうか。

江口　たしかにそうですね。ジャネも自分で治療にあたるなかで、うまくいかないことを自分の理論に取り入れていく。ヒステリー患者が催眠によって一時的に治っても時間が経つと元に戻ってしまう。それをどうしたらいいのか、といったことを問答形式によって自分で検証していくんですね。最終的には20世紀に入って、心理学を探求するだけでなく、人間科学や社会科学全般の視点を大幅に取り入れようとしました。それを通じて、自分の視点を相対化して、さらに全体の歴史も相対化するような、開かれた学問が形成されていったのではないかと思います。逆に言うと「ジャネの方法とは何か」という問いに一言で応えられないわけだから、学派はつくりにくいですよね。しかし、さまざまな現象や理論を横断し、それらを批判的に相対化した結果、総合理論の一覧表を与えてくれるところがあるように思えます。

東畑　中井久夫さんもそういったタイプの知性ではないでしょうか。

江口　間違いなくそうだろうと思います。統合失調症論のように「こう見るのが絶対良い。入口と出口はこうなっている。身体的な部分から治っていく」といった言葉には強い説得力があって最大の魅力なのですが、基本的姿勢はそれとは異なりますね。基本的に僕たちに手渡されているのは巨大理論ではなく、全体のなかで「これは押さえておいたほうがいい」という、文字通り「こんなとき私はどうしてきたか」（中井, 2007）という臨床マップの集大成なのでしょう。

東畑　その意味では、臨床における主流ではないけれど、総合知を志向するタイプのメタ的、あるいは批評的思考は時代を超えて脈々とつながっているのだと思う。

Ⅳ　視点を旋回させる──マクロとミクロの往還

江口　いわゆるサイコセラピーをめぐって、「平成」という区切りを入れて分類した東畑さんの論文を、どうすれば批判的に議論できるか、いろいろなバリエーションを考えてみたんです。

東畑　ありがとうございます。

江口　この話は前に書いたことの繰り返しになりますが、1886年頃に「サイコセラピー」という言葉が世に生まれてから、まだ120〜130年しか経っていません。しかも20世紀はじめまでは暗示（suggestion）や説得（persuasion）とほぼ同義で、今のようなサイコセラピーではなかった。サイコセラピーという用語が生まれたのはアムステルダムで、ファン・レンテルヘムとファン・エーデンのクリニックの看板にこの言葉が掲げられました。彼らは、そのクリニックでのその後の治療結果をまとめ、フランス語とドイツ語で上梓しています。ここにもってきましたが、フランス語版の『Psycho-thérapie』（van Renterghem et van Eeden, 1984）は、詳細な事例や統計を掲載した300頁弱の本です。これは催眠・暗示療法を実践しているクリニックに、どのような患者が来て、どのように治っていったのか、1889〜1893年間（開院第2期）の臨床のすべてが書かれた報告書です。

彼らの技法は基本的にナンシー学派の催眠＝暗示療法で，患者を寝かせて3段階の深い眠りに入らせて暗示をかけ，ふたたび患者が覚醒すると症状が治まっているという仕掛けでした。全患者1,500人のうち3割は完治して，1～2回の治療で6～7割に改善が見られたと報告されています。これが19世紀末のサイコセラピーだった。そのあとに登場したのがポール・デュボワ（Dubois, 1904）の説得（persuasion）療法で，引用された比喩にたよるなら，「暗示」のようにその人の後ろ階段から入って治すのではなく，「論理的説得」とは，正面のドアをノックして「あなたの病気はAだからBをしたら治る」というサイコセラピーです。20世紀初頭にはこの説得療法がサイコセラピーの主流の時代だった時期があります。

特定の学派のサイコセラピストを名乗る資格制度の登場はさらに後年ですから，今ではよく目にする「○○派のサイコセラピー」が構築されてから，まだ100年も経っていないわけです。半ば無意識的に何らかの技法を使っている治療者もいれば，認知行動療法をしますと主張する治療者もいるけれど，基本的に歴史を遡れば同じところにたどりつくのではないか，というのが僕の仮説です。しかも，認知行動療法は行動療法からダイレクトに派生したと一般に思われていますが，「あなたの病気はAだからBをしたら治る」という今日でいう契約ないしインフォームド・コンセントを使ったアプローチで，正面のドアをノックして治そうとしている点では，説得（persuasion）の系譜にあります。患者本人が「今日，これで治りました」と言ったときを「治癒の瞬間」とするところが，ちょっとした違うところでしょうか。

ですから現在，認知行動療法は無意識を探索する技法とは別物に見えているかもしれないけれど，同一水源から出た支流とも言えます。たとえばウィア・ミッチェルの「休息療法（rest cure）」あたりを水源として出てきたものが途中の水圧によって形を変えているわけで，糾える縄の如し，といったところがある。こうやってロングスパン

でサイコセラピーの全体を俯瞰してみると，今日とはちょっと異なる総合的・系譜的な見方が生まれるのではないかと僕は思っています。

東畑　この議論は『病いは物語である』で詳しく展開されている歴史観ですね。ここで重要なのは，先ほどのメタファーを使えば「表玄関」から行く「啓蒙主義的な治療文化」と，「裏階段」から行く「ロマン主義的な治療文化」があるということですね。

ここからは僕の考えですが，僕はサイコセラピーの歴史を進化論では考えていないんです。だから「平成のありふれた心理療法」論文も進化論を採らずに，「文化＝物語×社会」のうち，特に「社会」にコミットしています。つまり，平成前期の社会構造（小泉政権以前の日本的共同性が残っていた社会）が解体された後の，一人ひとりがサバイブしていかなければならない「福祉国家から新自由主義国家へ」という社会の変化において，社会が要請する人間像も変わるし，また社会で共有される治療関係像も変わってくる。アーキタイプという観点からすると，水源をたどれば結局同じことが繰り返されていると見ることもできます。ただ，ある時代や社会によって治療像や現象は個別に変わっていきます。大きな骨組みは江口さんのおっしゃる通りなのですが，骨に付着した皮膚や肉にあたるその時々の社会情勢は変容するし，その皮膚や肉が大事ではないかと思うんですね。

江口　ええ，よくわかります。

東畑　地域によっても，新自由主義が行き渡っているかどうかは全然違うし，臨床現場によってクライエントがどういう社会環境に置かれているのかもまったく違っている。だから一律に「平成」が終わったのではなく，今でも「平成的な場所」はあるわけで，そこはある種まだら状になっているんじゃないでしょうか。

江口　それはよく理解しているつもりです。ただ一方で，このテーマへの焦点の当て方と切り口は，ミクロとマクロを使い分けなくてはならないとも思う。そうすることで問題の諸相をクローズアップできるからです。実際，先ほど東畑さんが

おっしゃった視点がないと，現代の東京に暮らしていて東畑さんのクリニックに来るクライアントが必要とするものには対応できないでしょう。その臨床素材を「平成のありふれた心理療法」の議論につなげたのが，まさに今回の論文だと思います。それはよくわかるのですが，だからこそ，さらにもうひとつ別の議論も接続させる必要があって，それによってあの論文を題材としたさらに豊かな議論が生まれる可能性がある。おそらくかつての『Culture, Medicine and Psychiatry』だったら，東畑論文を冒頭に提示して，残りはすべてコメントにして1冊が終わるんじゃないかな。アラン・ヤングの論文をめぐる特集号（Young, 1981）がまさにそうでした。

東畑　それは最高ですね！

Ⅴ　遠きものへの憧憬──二重性を生きる

江口　先ほどの，接続させるべき「もうひとつ別の議論」について補足してみましょう。社会と心理の関係をめぐっては，双方をつなげるのか切り分けるのかという議論があります。そしてもう一方で，無意識に関心を寄せたフロイトのような人は，19世紀のヨーロッパ文化が行き詰まっていると感じ，東洋の老賢者（wise old man）をみずからの「師」としていったという事実がある。シャルコーも，ショーペンハウエルもそうでした。ウィーンのベルクガッセ19番地にあったフロイトの自宅兼クリニックを亡命直後に訪れて撮った，エンゲルマンによる写真集（Engelman, 1976）を見ると，フロイトの書斎の机には仏陀の像が置かれていて，いつもこの東洋の老賢者に挨拶をしてから書斎に入っていたという家政婦の証言も掲載されています。

フロイトはいわば「遠隔対象性」，つまり自分の身近には存在しない真理が遠方にはあるという想像力を基軸に，新たな議論を構築していったのでしょう。いかにも西洋的に見える心理学理論も一律ではなく，遠方の異文化から刺激を受けていた。正しく理解しているかはともかく，当時流行

のオリエンタリズムの延長であるとしても，遠くにある「異種なるもの」に賦活されることが，ひとつの理論を築くうえでは欠かせなかった。この想像力の賦活は，文化精神医学や医療人類学にとって何より重要だと思うんです。

東畑　たしかにユングもアフリカに行って想像力を賦活させるのですが，それって逆説的だなとも思います。

トビ・ナタンは「精神療法の未来」という論文（Nathan, 1998/2000）で，シャーマニズムと現代の心理療法を比較して，精神療法を特権視せずに相対化する方向へと論を組み立てています。シャーマンという遠くのものからインスパイアされる一方で，彼は「暗示」という凡俗な理解を再評価しているわけです。ナタンは「暗示が最も成功するのは，施術者が自分は暗示など行っていないと，まさに事実を事実として正しく理解していないときである」という書き方をしていますが，これは痛烈な精神分析へのアイロニーですよね。ジャネや中井久夫にもつながるところで，本当は臨床のなかにはつねに暗示があるけれど──治療者と患者のあいだで情報が行き交うコミュニケーションを暗示と呼ぶかはさておき──それを「暗示」と名指さないほうが，治療やコスモロジーに迫力が生まれるわけですからね。

レヴィ＝ストロースが『構造人類学』（Lévi-Strauss, 1958/1972）で語った，呪術師の詐術を暴こうとするうち自分が呪術師になってしまった，北米クワキウトル族の青年ケサリードの事例のように，暗示の仕掛けを解釈しはじめた途端に，臨床を離れて文化精神医学論になっていく。するとシャーマンの「遠さ」や「オールドワイズマン感」は，「暗示」という名辞によって非常にチープになる。しかしこのチープさに耐えられるかどうかが，文化精神医学の試金石でもあると思うんですよね。遠く深いところにある本物を求める心性と，「暗示であり錯覚である」という冷めた目線，この両方が文化的思考には内在されているんじゃないでしょうか。

江口　たしかにそうだと思います。もう一度クラインマンの『臨床人類学』に戻ると，ある文化や社会では治癒像が是認・共有されていなくてはならない。面接をしたり，薬を出したり，いろいろなことをしながら治癒像が作り上げられていく。その作業のなかに，先ほどから話している「遠隔対象性」が侵入する回路もあるわけで，治療技法が高度に専門化された現在であっても暗示や催眠のことを認識しておかなくてはならないのは，つまりそういうことだろうと僕は考えています。

東畑　ジェローム・フランクとジュリア・フランクの『説得と治療』（Frank & Frank, 1991/2007）という本では説得（persuasion）が強調されています。治療的作用とは暗示作用であり，それをいかによりよい（より盛り上がる）暗示にするかが重要であって，それによって士気（モラールな力）が上昇して心を癒すといった理論が展開されているわけです。考えようによっては「それを言っちゃおしまいよ」みたいな，人を苛立たせるところがある論だと思うんですよね。つまり，一方に「それを言っちゃおしまいよ」という知性があり，でも他方に暗示を暗示だと思っていたら暗示ではなくなるという現象があり，ここには非常にパラドクシカルな揺れ動き，いわば二重性がある。先ほど臨床と執筆における「引き裂かれる感覚」について話しましたが，この揺れ動き／二重性と通じるように思います。

江口　臨床は「今まさに行っているのは暗示療法で，所定のプロセスに沿って進めていく」という具合には進まないんですよね，きっと。プロセスとして事後的に振り返ったときは腑に落ちたとしても。デュボワの説得療法の本を読んでいても，納得できるところと，理論化すると面白くなくなる部分があるんですよ。治癒像まで理論化しようとすると，日曜は教会に行って，人には誠実にふるまって……といった「普通」の人間像に行き着いて，最終的には「いかにして人は幸せになれるか」という話に落ち着いてしまう。

　先ほど紹介したファン・レンテルヘムとファン・

エーデンは，ともにクリニックを運営し共著書を刊行した後，袂を分かつように別の道を歩んでいきます。ファン・レンテルヘムはオランダ精神分析協会・初代会長になり，ファン・エーデンはカトリックに改宗して文筆家になり，「人はいかにして幸福になれるか」という幸福論を書くようになる。ですが，おそらくこうした両極に見える要素もすべて，初期のサイコセラピーに胚胎されていたのだろうと，僕は見ているんです。

東畑　なるほど，神話的です。

VI　質疑応答

1　官僚制と学問の自由

　———先ほど，この10～20年間，臨床心理学には論争が起こらなかったという議論がありました。なぜ論争が消滅してしまったのか，その背景をお聞きしたいです。

東畑　臨床心理学から論争が消滅したという問題は，非常に深刻だと僕は考えています。先日，『忖度と官僚制の政治学』（野口，2018）という本を読む機会がありました。マックス・ウェーバーやカール・シュミットといった政治思想家による官僚制の考察をたどった内容だったのですが，僕が注目したのは，政治というものは基本的に論争的なものだという話です。広場で論争をすることこそが政治なんです。対する官僚制には論争がない。政治は「個人」が顔を見せて「我こそは」と論戦を挑むものだけれど，「個人」がいなくても回るようにするのが官僚制だからです。だから政治が官僚制に呑み込まれると，アカウンタビリティやエビデンスや書類仕事が大事になり，論争は消えていく。ブルシットジョブとは官僚制の結果ですね。すると，もはや論争が巻き起こることがなくなるから，あとはどのくらい「忖度」できるかによってしか勝ち負けが決まらない，それが現代の政治である———という主張です。

　臨床心理学という学問にとっても他人事ではありません。公認心理師がその象徴ですが，官僚制

というシステムのなかで，どのようなカリキュラムでトレーニングされ，どのような仕事をしていくかが決められていく。すると仮に論争が起こったとしても，きわめて小さな領域での論争にしかならなくて，官僚制それ自体に対するオブジェクションといった広い射程をもった議論に発展しない。だから学会を二分しかねないマクロな議論を，「研修カリキュラムをどうするか」といった手続き的な感性が圧倒してしまう——これが，ここ10〜20年で臨床心理学の世界から論争が消えた背景ではないかと思っています。

　学問が官僚制に呑み込まれるこの傾向に，僕は強い危機感をもっています。たとえば論文の「質」では評価ができないから，受理された論文の「数」で評価する手続きを繰り返しているうちに，「いかに論文を多く書くか」という方向に比重が移って，学問風土自体，そして研究者自体も官僚化されていくからです。しかし臨床というものは，本来そういう潮流とは喰い合わせが悪いものです。臨床は，セラピストもクライエントも含めて「その人だからこそ」という個別具体性が最後まで残る領域だからです。臨床の知は，忖度と官僚制のポリティクスとは別のところで語られるべきで，現在の臨床心理学にもそれが問われているのだと考えています。

2　臨床と学問の分断とその行方

　———臨床心理学がタコツボ化していると言われる一方で，「日本のありふれた臨床心理士」は多数の技法を織り交ぜたりトッピングしたりしながら，自分の置かれた環境に合わせてブレンドをしているという議論がありました。これはつまり，「日本のありふれた臨床心理士」と学問としての臨床心理学が乖離しているということでしょうか？

東畑　先ほどの回答にも関連しますが，臨床心理学自体が官僚化されて学問としての中核的な部分を失おうとしているのではないか，というのが僕の考えです。実際，「臨床心理学」と銘打って出

版されている本の大半が共同執筆で，公認心理師カリキュラムに沿った構成になっています。官僚制に準拠しなければ本を作ることも臨床心理学の原理を語ることもできないわけですよね。かつては河合隼雄のように，臨床心理学を書くときには原理から説き起こし，論を展開させ，全体を描写していくスタイルをとることができました。つまり，個人のアイデアを学問体系として打ち出すことができたけれど，今は個人のアイデアを打ち出して臨床心理学を語ることはきわめて難しい。臨床心理学についてのメタ的な議論が成り立たないし，いざ始めても非常に小さな話に終始してしまう。

　でも，臨床自体は「ありふれた」もので，いろいろなものをトッピングしたりミックスしたりを繰り返していますよね。そこでは個人のアイデアが試され続けます。ただ，その2つをつなぐのが難しいんですね。体系と臨床をどうつないでいくか。その突破口が「ありふれた臨床」なのではないかと個人的には思っています。それは〇〇学派のマスターセラピストが，自分のコスモロジーで現象を語るというのとは違う，批評的思考です。

3　フォークロアの想像力

　———医療人類学の視点は，臨床実践の裾野を広げることができるのでしょうか？　また，人類学的な視点をもちながら臨床に携わることには，自分の臨床技法を別の視点から見つめるような効果があるのでしょうか？

江口　医療人類学を専門にしていると公言すると，「あなたの日常臨床のどこにそれが活かされているのか？」ときびしく質問されることがあります。はっきりとは答えられないけれど，実際いろいろなところで活かされている実感はあります。細かいことを言えば，話を聞いて生活歴を取るレベルからして，まったく想像力の働き方が違ってくる。たとえば病院の医局でケース検討を聞いていても，「A県のB町で生まれて……」と

いうプレゼンの仕方で僕はつまずいてしまいます。記号ではイメージが湧かないから，地名や個人名などの固有性を明らかにしながら，もっと具体的に患者やクライエントの背景が浮かび上がるようにしてほしいと思う。人類学的な視点があると，「A県のB町という地域で8歳まで過ごした」というふうにはどうしても言えない。患者やクライエントへのこうした視点だけでも，結果は違ってくるのではないでしょうか。それが文化精神医学や医療人類学的アプローチかどうかはまた別問題で，人類学的というより，日本の文化的土壌で言えば民俗学的（フォークロア的）な方法と呼べるかもしれません。

東畑　「A県B町問題」，とても面白いですね。つまり，A県のB町で生きていることを「臨床的に考える」ことができるか，という問いですよね。A県B町という抽象的空間に生きている人を考えるのではなくて，「東京都北区赤羽」という具体的世界に生きているクライエントを考える感性は，臨床上とても重要だと思います。「A県B町で生きるにあらず」というのは，紛れもなく人類学的発想じゃないでしょうか。その意味では，ローカルな治療者たちはみんな，それを実践しているとも言えるかもしれませんね。

江口　僕はずっと東京の城北ブロックで生活をしていて，生まれ育った土地でもあるからこだわるのかもしれないけれど，臨床でもかなり細かく聞いていると思います。「どうやってここ（外来）まで通っているんですか？　どの交通手段で来るの？」とか。「どうしてそんなことまで聞くんですか？」と言われることもあるくらいで……

東畑　それって，江口さんは故郷になじんでいるタイプの治療者ということでしょうか？　というのも，故郷にうまくなじめる治療者と，故郷にいられなくなる治療者とでは，臨床的な感性が違うのかなと思ったからなんですが……

江口　そうですね，ある時点から「僕はローカルな治療者として生きよう，ここを伸ばして他の治療者よりプラスの部分をゲインしよう」と決心を

したのはたしかです。それと併行して，民俗学的なものへの関心が生まれてきたのはここ十数年くらいのことですが，かなり意識はしています。

東畑　社会階層によってコミュニティが分割されている場合，お金持ちはお金持ちのシャーマンのところへ行くというように，同じコミュニティを共有していることが治療力となって作用しますね。まさに「ローカル・ヒーラー」です。江口さんにもそういうところがあるんでしょうか？

江口　私の勤務している病院にはあまり階層構造はなくて，家族も住まいもないところから始まるような，いろいろな人たちが来るので，ハイソなシャーマンは無理ですが，先の「A県B町問題」には関心がありますし，ローカリティには魅かれますね。

東畑　「ローカル・ヒーラー」としての地域臨床論……それ，書かれないんですか？

江口　うーん，実はちょっと試しているんですけど（江口，2019a），すごく書きにくいんです。特定の個人がわかってしまうから。自分のことは書けるんですけどね。「飛鳥山の近くで育って……」みたいなことを話したり書いたりしたこともあるし……。ただ，そうなると自己開示ばかりの奇妙な治療者になってしまいましてね（笑）。

東畑　いや，「飛鳥山精神医学」，それ最高ですね！いつかぜひ書いていただきたいです！

※

東畑　あっという間に予定の時間が来てしまいました。内容もめまぐるしく変わって非常に刺激的でしたし，何より憧れの碩学とお話ができて光栄でした。今日は本当にありがとうございました。

江口　稚拙な話で右往左往してしまいましたが，少しでも刺激になれば本当にうれしいです。東畑さん，どうもありがとうございました。

[収録＝2020年9月12日｜オンライン配信]

▶文献

Davies J（2009）The Making of Psychotherapists : An Anthropological Analysis. Routledge.（東畑開人 監訳（2018）心理療法家の人類学—こころの専門家はいかにして作られるか．誠信書房）

Dubois P（1904）Les psychonévroses et leur traitement médical. Masson.［Jerriffe SE & White WA（Trans）（1908）The Psychic Treatment of Nervous Disorders. Funk & Wagnalls Company.］

江口重幸（1987）滋賀県湖東一山村における狐憑きの生成と変容—憑依表現の社会−宗教的，臨床的文脈．国立民族学博物館研究報告 12-4 ; 1113-1179.

江口重幸（2019a）病いのリアリティ—民俗学的架橋の試み．N：ナラティヴとケア 10 ; 2-10.

江口重幸（2019b）病いは物語である—文化精神医学という問い．金剛出版.

江口重幸（2020）ケアをめぐる北西航路—臨床とその余白．In：森岡正芳 編：治療は文化である—治癒と臨床の民族誌（臨床心理学増刊第 12 号）．金剛出版，pp.146-151.

Ellenberger HF（1970）The Discovery of the Unconscious. Basic Books.（木村敏，中井久夫 監訳（1980）無意識の発見—力動精神医学発達史．弘文堂）

Engelman E（1976）Berggasse 19 : Sigmund Freud's Home and Office, Vienna 1938. The University of Chicago Press.

Frank JD & Frank JB（1991）Persuasion and Healing. Johns Hopkins University Press.（杉原保史 訳（2007）説得と治療—心理療法の共通要因．金剛出版）

Geertz C（1983）Local Knowledge : Further Essays in Interpretive Anthropology. Basic Books.（梶原景昭 訳（1999）ローカル・ノレッジ—解釈人類学論集．岩波書店）

James W（1907）The Varieties of Religious Experience. Longmans, Green, & Co.（桝田啓三郎 訳（1969-1970）宗教的経験の諸相［上・下］．岩波書店）

Kleinman A（1981）Patients and Healers in the Context of Culture : An Exploration of the Borderland between Anthropology, Medicine, and Psychiatry. University of California Press.（大橋英寿，作道信介，遠山宜哉，川村邦光 訳（1992）臨床人類学—文化のなかの病者と治療者．弘文堂）

Kleinman A（1988）The Illness Narratives : Suffering, Healing, and the Human Condition. Basic Books.（江口重幸，五木田紳，上野豪志 訳（1996）病いの語り—慢性の病いをめぐる臨床人類学．誠信書房）

Lévi-Strauss C（1958）Anthropologie structurale. Plon.（荒川幾男，生松敬三ほか 訳（1972）構造人類学．みすず書房）

Luhrmann TM & Marrow J（Eds）（2016）Our Most Troubling Madness : Case Studies in Schizophrenia across Cultures. University of California Press.

宮地尚子（2020）トラウマにふれる—心的外傷の身体論的転回．金剛出版.

中井久夫（2007）こんなとき私はどうしてきたか. 医学書院.

Nathan T（1998）Quel avenir pour la psychothérapie?. In : Pichot P et Nathan T : Quel avenir pour la psychiatrie et la psychothérapie?. Institut Synthélabo, pp.32-73.（三脇康生，村澤真保呂，江口重幸 訳（2000）精神療法の未来．文化とこころ 4-1&2 ; 87-103）

野口雅弘，（2018）忖度と官僚制の政治学．青土社.

Scheper-Hughes N（1990）Three propositions for a critically applied medical anthropology. Social Science and Medicine 30-2 ; 189-197.

東畑開人（2017）日本のありふれた心理療法—ローカルな日常臨床のための心理学と医療人類学．誠信書房.

東畑開人（2020）平成のありふれた心理療法—社会論的転回序説．In：森岡正芳 編：治療は文化である—治癒と臨床の民族誌（臨床心理学増刊第 12 号）．金剛出版，pp.8-26.

van Renterghem AW et van Eeden F（1894）Psycho-thérapy : Communications statistiques, observations cliniques nouvelles. Société d'Éditions Scientifiques.

Young A（1981）When rational men fall sick : An inquiry into some assumptions made by medical anthropologists. Culture, Medicine and Psychiatry 5-4 ; 315-335.［▶この論文に続き 9 名からなる 5 つの長大なコメント（pp.337-377）がなされている］

臨床心理学 ＊ 最新研究レポート シーズン3
THE NEWEST RESEARCH REPORT SEASON 3

第**27**回

成人を対象とした（頭痛を除く）慢性疼痛マネジメントのための心理療法（レビュー）

Williams AC, Fisher E, Hearn L & Eccleston C（2020）Psychological therapies for the management of chronic pain（excluding headache）in adults. The Cochrane Database of Systematic Reviews 8-8 ; CD007407. DOI:10.1002/14651858.CD007407.pub4.

岩佐和典 *Kazunori Iwasa*
［就実大学］

　慢性疼痛は「治癒に要すると予測される時間を超えて持続する痛み，あるいは進行性の非がん性疾患に関連する痛み」と定義され（Merski & Bogduk, 1994），通常，発症から3カ月もしくは6カ月以上続く場合に慢性疼痛と見なされる。慢性疼痛は個人のQoLを低下させるだけでなく（Inoue et al., 2015），欠勤による生産性低下や医療費の継続的利用といった形で社会全体にも影響をおよぼす（Takura et al., 2015）。日本の慢性疼痛保有者は2,300万人以上とも推定され（服部，2006），その影響の大きさを考慮すれば，効果的な治療法の確立はまさに喫緊の課題である。

　従来，慢性疼痛治療の主軸として薬物療法や外科的治療が実践されてきたが，近年ではそれらに限定しない集学的治療の重要性が強調されるようになった。集学的治療とは，異なる専門性をもつ医療スタッフがチームとして連携を取りつつ行う治療のことをいう。そして集学的治療における非薬物療法の一種として，認知行動療法（以下，CBT）をはじめとした心理学的介入が挙げられている。実際，「慢性の痛み診療・教育の基盤となるシステム構築に関する研究」研究班（2018）による『慢性疼痛治療ガイドライン』でも，CBTやアクセプタンス＆コミットメント・セラ

ピー（以下，ACT）の推奨度は「1A（行うことを強く推奨する）」と，最も高い水準の評価が与えられた。とはいえ，慢性疼痛に対する心理学的介入が日本で十分普及しているとは言い難い。いくら使用が推奨されても，提供する体制が整わない限りは絵に描いた餅である。よってここでは，普及に向けた取り組みへの期待を込めて，慢性疼痛に対する心理学的介入のメタ分析研究をレポートする。

　研究の紹介に先立って，慢性疼痛の心理学的な特徴と，心理学的介入の一般的な狙いについて簡単に紹介する。痛みは苦痛な経験であり，我々の注意を捉え，進行中の活動を中断させる働きをもつ（Vlaeyen et al., 2016）。そのため，慢性疼痛患者の生活は痛みの有無や強弱にコントロールされがちで，自身の望むような生活様式はどうしても阻害されやすい。そうした生活を送るなかで，痛みが生じそうな状況を回避したり，痛くないときを狙って過活動に従事したりといった行動が見られるようになる。この種の行動は，痛みの破局化思考や反芻といった認知，さらにはそこから生じる不安や恐怖などの感情によって駆動され，そして維持される。こういった生活様式は，苦痛や生活支障を短期的に軽減させるため，行動パター

ンとして定着しやすい。しかし長期的に見ると，回避行動は生活支障を拡大し，身体機能を低下させ，痛みの知覚をより敏感にさせる。そして過活動は痛みのぶり返しやそれに伴う長期休息といった深刻な問題を引き起こす。つまり長期的に見ると，痛みにコントロールされた行動パターンは，かえって痛み増悪や QoL 低下をもたらす場合が多いのである。よって，慢性疼痛の心理学的介入においては，痛みとそれに伴う苦痛や生活支障を，患者自身が上手にマネジメントできるよう手助けしていくこととなる。なお，慢性疼痛の心理学的介入にはいろいろな立場がありうるので，上記はあくまで標準的な CBT の立場から見たものと理解されたい。

I　研究の背景

　成人（18 歳以上）の慢性疼痛患者を対象とした心理学的介入の臨床的有効性を，アクティブ・コントロール（以下，AC），待機リスト（以下，WL），または通常治療（以下，TAU）との比較から推定した。これは Williams et al.（2012）によるメタ分析のアップデート版であり，前バージョンと同じく Cochrane Library に収蔵されている。

　このメタ分析では，CBT，行動療法（以下 BT），ACT の有効性が評価された。各介入法の典型的な内容は以下の通りである。一般的な慢性疼痛の CBT プログラムには，痛みに関する破局的思考の認知的再評価，感情制御方略の学習，痛みに関する予期不安や回避行動に対するエクスポージャー，やりがいのある活動を促進するための行動活性化，問題解決のスキル，動機づけに関するモジュールが含まれる。BT では，主として痛みや痛み恐怖に対する回避行動や，生活支障を生み出す行動の特定と軽減が目指される。ACTでは，心理的柔軟性，痛みに抗わず体験しようとする態度，思考は事実でなく解釈に過ぎないという認識，価値に基づく行動の促進などが焦点となる。

II　方法

1　分析対象となる研究の選択基準

　この研究では，CBT，BT，ACT の有効性を，AC，WL，TAU と比較したランダム化比較試験（以下，RCT）を分析対象とした。その際，選択基準は，①CBT，BT，ACT を主要な介入としていること，②介入の内容が詳述されていること，③介入が対面式で行われていること，④査読付き学術誌に掲載されていること，⑤参加者に慢性痛を訴える者が含まれていること，⑥治療終了時の参加者数が 20 名以上であることだった。参加者の選択基準は，がん性疼痛と頭痛および片頭痛を除き，身体のあらゆる部位で少なくとも 3 カ月間続く痛みを報告している成人（18 歳以上）だった。介入の種類に関しては，少なくとも 1 つの介入群に CBT，BT，ACT のいずれかが実施されており，少なくとも 1 つの対照群がプラセボ，AC，WL，TAU だった研究を対象とした。慢性疼痛の心理社会的介入は，患者教育や運動療法といった必ずしも心理学を基にしない方法と併せて提供されることも多い。そこでこの研究では，心理学を基にした介入が全体の 50% を占めるプログラムを心理学的介入と見なした。AC と見なされたのは，理学療法，患者教育など，痛み行動の変化を目的とした非心理学的治療だった。WL と TAU については，実際その間どのような治療が行われていたか明確でない。

2　評価項目

　主要評価項目は，痛み，生活支障，感情的苦痛，有害事象だった。Williams et al.（2012）では痛み関連の破局的思考が評価項目に含まれていたが，今回の研究からは除外された。なお，この研究に副次評価項目は含まれない。

3　検索法とバイアスのリスク評価

　2012 年版からのアップデートを行うべく，2011 年から 2020 年 4 月までの RCT 論文

を複数のデータベース（MEDLINE, Embase, PsycINFO, CRSO）で検索した。これに加え，検索された論文の引用文献リストなどの情報源から，その他の研究を特定した。適格と見なされた各研究について，バイアスのリスク（以下，RoB）を評価した。評価されたバイアスは選択バイアス（割付の順序，割付の隠蔽），検出バイアス（アウトカム評価者の盲検化），症例減少バイアス（不完全データ），報告バイアス（選択的報告）だった。なお，施行バイアス（参加者と介入実施者の盲検化）はRoB評価に含まれなかった。

4　データ分析とエビデンスの質評価

治療終了時（T1）と追跡調査時（T2）を評価時点とした。追跡評価は治療終了後6カ月以上12カ月以下とした。これにより，T1とT2における，①CBT対AC，②CBT対TAU（WLを含む），③BT対AC，④BT対TAU，⑤ACT対AC，⑥ACT対TAUからなる，6つの比較が行われることとなった。異質性は，χ^2検定とI^2値による標準的な方法で評価された。治療効果はランダム効果モデルによって統合された標準化平均差（SMD）を用いて推定された。なお，サブグループ分析は実施されなかった。

エビデンスの質は，GRADEシステムに基づいて評価された。これは，メタ分析で算出された推定値がどの程度真値に近いと考えられるかを4段階で評価するものである。評価が高い順に，high, moderate, low, very lowのいずれかが付与される。

III　結果

1　検索結果

データベース検索と他の情報源から得られた6,896件の記録を段階的に精査した結果，41件の新規研究が特定された。これに前バージョンで対象となった研究のうち，本研究の選択基準を満たした34件を加え，最終的には75件の研究が分析対象となった（介入前 $n=10,708$，介入終了時 n

$=9,401$）。

2　対象者の特徴と介入方法の分類

対象者の平均年齢は50.2歳（$SD=10.01$）で，女性が男性の2倍以上を占めていた。疼痛の平均持続期間は9年（$SD=8.0$）だった。慢性疼痛の種類はさまざまで，線維筋痛症を対象とした研究が19件，慢性腰痛を対象とした研究が16件，関節リウマチを対象とした研究が9件，慢性疼痛の混合状態を対象とした研究が15件，変形性関節症を対象とした研究が5件，顎関節症を対象とした研究が4件，その他の状態が7件だった。

介入方法の分類は，各論文の著者による介入法の呼称と，介入の内容から判別された。結果，介入群にCBTを実施した研究が50件，CBTとBTを実施した研究が7件，CBTと「その他の介入」を実施した研究が2件だった。さらに，BTを実施した研究が6件，ACTを実施した研究が6件，「その他の介入」を実施した研究が4件だった。「その他の介入」には，力動的心理療法やグループセラピーなどが含まれていた。また，対象群としてACを用いた研究が31件，TAUを用いた研究が36件，両方を用いた研究が8件だった。

3　認知行動療法（CBT）の有効性

治療終了時点において，CBTは痛み（SMD＝-0.09, 95% CI -0.17 to -0.01, $I^2=18\%$）と生活支障（SMD＝-0.12, 95% CI -0.20 to -0.04, $I^2=0\%$）に対して，ACよりわずかに効果的だった。一方，感情的苦痛（SMD＝-0.09, 95% CI -0.18 to -0.00, $I^2=35\%$）についてはACを上回る効果が認められなかった。追跡調査時点においては，感情的苦痛（SMD＝-0.13, 95% CI -0.25 to -0.01, $I^2=48\%$）に対してACよりわずかに効果的だった。一方，痛み（SMD＝-0.08, 95% CI -0.19 to 0.04, $I^2=42\%$）と生活支障（SMD＝-0.12, 95% CI -0.26 to 0.02, $I^2=53\%$）についてはACを上回る効果が認められなかった。

TAUとの比較では，治療終了時点における

痛み（SMD＝−0.22, 95％ CI −0.33 to −0.10, I^2 ＝50％），生活支障（SMD＝−0.32, 95％ CI −0.45 to −0.19, I^2＝61％），感情的苦痛（SMD＝−0.34, 95％ CI −0.44 to −0.24, I^2＝36％）に関して，CBT の有効性がやや大きかった。追跡調査時点では，痛み（SMD＝−0.16, 95％ CI −0.27 to −0.04, I^2＝23％）に対する CBT の効果がわずかに大きく，生活支障（SMD＝−0.21, 95％ CI −0.37 to −0.05, I^2＝57％），感情的苦痛（SMD＝−0.25, 95％ CI −0.37 to −0.13, I^2＝36％）への効果がやや大きかった。

　生活支障に関するエビデンスの質はおおむね low と評価されたが，その他のエビデンスの評価は moderate だった。

4　行動療法（BT）の有効性

　治療終了時点の痛み（SMD＝−0.67, 95％ CI −2.54 to 1.20, I^2＝96％），生活支障（SMD＝−0.65, 95％ CI −1.85 to 0.54, I^2＝94％），感情的苦痛（SMD＝−0.73, 95％ CI −1.47 to 0.01, I^2＝85％）について，AC を上回る効果は認められなかった。追跡調査時点では，生活支障（SMD＝−1.09, 95％ CI −2.03 to −0.15, I^2＝90％）と感情的苦痛（SMD＝−0.90, 95％ CI −1.47 to −0.33, I^2＝74％）について，AC よりも効果が大きかった。一方，痛み（SMD＝−0.36, 95％ CI −0.19 to 0.04, I^2＝73％）については AC を上回る効果が認められなかった。

　治療終了時点の痛み（SMD＝−0.08, 95％ CI −0.33 to 0.17, I^2＝16％），生活支障（SMD＝−0.02, 95％ CI −0.24 to 0.19, I^2＝7％），感情的苦痛（SMD ＝0.22, 95％ CI −0.10 to 0.54, I^2＝0％）について，TAU を上回る効果が認められなかった。追跡調査時点では，生活支障（SMD＝0.14, 95％ CI −0.18 to 0.46, I^2＝47％），感情的苦痛（SMD＝0.26, 95％ CI −0.06 to 0.57, I^2＝0％）について，TAU を上回る効果が認められなかった。痛みについては，研究数の不足により解析が実施できなかった。

　生活支障に関する TAU との比較については，

治療終了時，追跡調査時の両方でエビデンスの質が moderate だったが，その他は low または very low だった。

5　ACT の有効性

　治療終了時点の痛み（SMD＝−0.54, 95％ CI −1.20 to 0.11, I^2＝89％），生活支障（SMD＝−1.51, 95％ CI −3.05 to 0.03, I^2＝96％），感情的苦痛（SMD ＝−0.61, 95％ CI −1.30 to 0.07, I^2＝90％）について，AC を上回る効果が認められなかった。追跡調査時点での AC との比較では，生活支障（SMD ＝−2.54, 95％ CI −4.22 to −0.89, I^2＝91％）について大きい効果が認められた。一方，痛み（SMD ＝−0.38, 95％ CI −1.03 to 0.27, I^2＝85％）と感情的苦痛（SMD＝−0.58, 95％ CI −1.24 to 0.07, I^2 ＝85％）については AC を上回る効果が認められなかった。

　治療終了時点での TAU との比較では，痛み（SMD＝−0.83, 95％ CI −1.57 to −0.09, I^2＝80％）について TAU より効果が大きかった。一方，生活支障（SMD＝−1.39, 95％ CI −3.20 to 0.41, I^2 ＝96％），感情的苦痛（SMD＝−1.16, 95％ CI −2.51 to 0.20, I^2＝93％）については，TAU を上回る効果が認められなかった。

　追跡調査時点については，研究数の不足により解析が実施できなかった。なお，ACT に関するエビデンスの質は，すべて very low と評価された。

Ⅳ　考察

　CBT と AC の比較を見ると，短期的にはわずかに効果的であり，長期的には効果が限定されていた。一方，TAU との比較では，短期的に見てやや効果的であり，長期的にも効果が持続していた。これは Williams et al.（2012）と同様の結論だった。エビデンスの質はおおむね moderate であり，ある程度信用に足る推定がなされたと考えてよい。BT や ACT は，長期的に見ると生活支障や感情的苦痛を改善する可能性がある。ただし

BTとACTに関するエビデンスの質は低く，ここから一定の結論を導くことは難しい。一方で，BTとACTの有効性を支持したメタ分析もいくつか存在する（López-de-Uralde-Villanueva et al., 2016 ; Veehof et al., 2016）。今回のメタ分析では，そうした先行研究で分析対象となった論文の大半が，適格性の観点から除外となった。よってこの違いは，論文選択基準の厳しさを反映したものだと考えられる。その意味で，今回の分析結果はより保守的である。研究数やエビデンスの質を考慮すると，標準的なCBTのRCTを今後行う必要性はかなり低く，現段階でもわずかな効果を有する心理学的介入法として臨床に適用しうる。一方，特に新しい介入法であるACTの効果についてはエビデンスが十分でなく，今後も良質なRCTを実施する必要がある。

Ⅴ　紹介者のコメント

このメタ分析からもわかるように，慢性疼痛に対する心理学的介入の効果を検討した臨床試験は数多く，特にCBTの効果はすでに実証的な支持を得たと言って良いだろう。しかし，日本国内で行われたRCTはほとんどなく，今後は日本独自の検討を進めねばならない。

この研究で示されたCBTの効果は，おおむね短期的で，かつ小さいものであった。これは，他の積極的な治療方法と比較して，CBTが特別に優れた方法とは言えないことを意味する。むしろそれらと同様に，治療上の選択肢に加えられる，というのが穏当な結論だろう。つまり，CBTは慢性疼痛の診療体制を劇的には進展させないが，少なくとも集学的治療の幅を広げ，患者が治療から恩恵を受ける機会を増加させるだろう。なお，

本研究ではACTの効果について結論が下されなかったが，依然として有望な介入のひとつであり，研究の進展が大いに期待される。

▶ 文献

Hadi MA, McHugh GA & Closs SJ (2019) Impact of chronic pain on patients' quality of life: a comparative mixed-methods study. Journal of Patient Experience 6-2 ; 133-141.

服部政治（2006）日本における慢性疼痛保有率．日本薬理学会誌 127-3 ; 176-180.

Inoue S, Kobayashi F, Nishihara M et al. (2015) Chronic pain in the Japanese community : Prevalence, characteristics and impact on quality of life. PloS ONE 10-6 ; e0129262. doi:10.1371/journal.pone.0129262

López-de-Uralde-Villanueva I, Munoz-Garcia D, Gil-Martinez A et al. (2016) A systematic review and meta-analysis on the effectiveness of graded activity and graded exposure for chronic nonspecific low back pain. Pain Medicine 17-1 ; 172-188.

「慢性の痛み診療・教育の基盤となるシステム構築に関する研究」研究班（2018）慢性疼痛治療ガイドライン．真興交易㈱医書出版部.

Merskey H & Bogduk N (1994) Classification of Chronic Pain. 2nd Ed. Seattle, WA : IASP Press.

Takura T, Ushida T, Kanchiku T et al. (2015) The societal burden of chronic pain in Japan : An internet survey. Journal of Orthopaedic Science 20-4 ; 750-760.

Veehof MM, Trompetter HR, Bohlmeijer ET et al. (2016) Acceptance-and mindfulness-based interventions for the treatment of chronic pain : A meta-analytic review. Cognitive Behaviour Therapy 45-1 ; 5-31.

Vlaeyen JW, Morley S & Crombez G (2016) The experimental analysis of the interruptive, interfering, and identity-distorting effects of chronic pain. Behaviour Research and Therapy 86 ; 23-34.

Williams AC, Eccleston C & Morley S (2012) Psychological therapies for the management of chronic pain (excluding headache) in adults. The Cochrane Database of Systematic Reviews 11-11 ; CD007407. doi:10.1002/14651858.CD007407.pub3

♪ 主題と変奏——臨床便り

第48回
音楽と慰め

光平有希
[国際日本文化研究センター特任助教]

「音楽療法（Music therapy）」という用語を耳にしたとき，多くの方は20世紀以降に体系化された，西洋由来の比較的新しい治療法というイメージを抱かれるのではないかと思う。しかし洋の東西を問わず，人間は古代より治療や宗教儀礼，あるいは伝統芸能などのなかで音・音楽に心身の救済や癒しを求め，とりわけ近世からは体系化された医学理論のもとで音楽を治療として用いてきた。

日本でも，江戸期には養生論のなかで詠歌舞踏が重視され，幕末には蘭方医により西洋の音楽効用論が紹介された。さらに明治期になると，開国に伴ってアメリカやイギリス，ドイツ，フランスなどの音楽療法理論が次々と音楽関係者や医療関係者たちの手によって流入した。そのなかで，単に理論の紹介だけでなく音楽療法実践を医療現場に取り入れた人物として，明治期の精神科医・呉秀三の存在は特筆にあたいする。

呉がかつて院長を務めた病院——現在の東京都立松沢病院（前：巣鴨病院）は，現存する日本最古の精神病院である。同病院は明治初期の創設以来，試行錯誤しつつ種々の新しい治療法を導入し，近現代の日本精神医療を牽引してきた。明治後期から昭和初期にかけ，巣鴨・松沢病院の院長として手腕を振るった呉秀三は，自身の留学先だったオーストリアやドイツ，フランスで見聞した神経学的精神療法と人道的な医療を松沢病院に定着させる過程で，明治35（1902）年より治療に音・音楽を導入。このとき，治療に用いられた音や音楽は「慰め」の「楽（がく）」という意味を込め，「慰楽（いがく）」と名付けられた。

明治・大正期には「作業療法」や「遣散療法」として，患者自らが楽器を演奏する「音楽弾奏」や「音楽鑑賞」が試行され，昭和初期からは「音楽慰安会」と称し，生の演奏を聴く音楽鑑賞会やレコード鑑賞会，演芸・演劇会が定期的に開催された。医師や看護師たちは慰安会のとき，さらにその後数日間の患者の反応をつぶさに記録し，楽曲の選択やプログラム構成に熟考を重ねた。

筆者は，病院年報や看護日誌，音楽実践プログラムや写真といった病院関連一次資料から音楽活動の様子を垣間見る。対峙した資料からは，まさに医療従事者の模索や苦悩，患者の反応などが生き生きと伝わってくる。まるでタイムスリップをして，自分自身も臨床の現場にいるような気持ちにさえなる。

松沢病院（巣鴨病院）で行われた音楽療法を含め，戦前の日本における音楽療法の多くは，残念ながらほとんど語られる機会を得ていない。そのなかで，日本での音楽療法の幕開けは戦後，西洋の音楽療法を受容したことに起点があるとの認識が主流となっている。しかし，戦前から日本で培われてきた音楽療法の実態，そして音楽療法のために奔走した先人の足跡から得る学びが，今後の音楽療法や医療のみならず，人間と音楽との関係を考える際の，ささやかでもその一助になればと切望している。

新刊案内

Ψ金剛出版　〒112-0005　東京都文京区水道1-5-16　Tel. 03-3815-6661　Fax. 03-3818-6848
e-mail eigyo@kongoshuppan.co.jp　URL https://www.kongoshuppan.co.jp/

パーソナル 精神分析事典

[著] 松木邦裕

本事典に取り上げられた用語・概念は旧来多く論じられてきたものを多く含みながら，同時に新たな用語・概念も積極的に採録している。さらに「対象関係理論」というカテゴリーからの解釈を中心に，異なる学派による意味の差異も明確に伝わるように記述していることも特徴といえる。中核を成す「大項目」には，これまでの精神分析的臨床経験に基づいて選択した項目が配置され，「読む事典」としての特徴を色濃く反映しており，ひとつの概念に連なる歴史，関係人物，物語を読み解くことができる。大項目の論述に収められた「小項目」を事項索引として使用することで，事典としても大いに活用できる，「読んで理解する」精神分析事典。　　　　本体3,800円＋税

リーディング・クライン

[著] マーガレット・ラスティン　マイケル・ラスティン
[監修] 松木邦裕
[監訳] 武藤 誠　北村婦美

精神分析においてクラインの名前を聞いたことがない人はいないだろう。本書は，クライン精神分析を歴史から今日的発展までを含め，豊饒な業績だけでなく，社会の動向や他学問領域との関連とも併せて紹介していく。全体は2部構成となっており，第1部では時系列に沿ってクラインの臨床的な発展を解説する。第2部ではクラインの思想を倫理，社会・政治との関連で読み解き深い理解へと誘っていくが，それらはいままでのクライン関連書には見られなかった本書の特徴の一つとなっている。　　　　本体4,400円＋税

非行・犯罪からの立ち直り
保護観察における支援の実際

[著] 長尾和哉

保護観察処分を受けたり，仮釈放や保護観察付きの執行猶予の立場となった非行のある少年や犯罪をした人は，実社会の中で，保護観察官・保護司の指導・支援の下に遵守事項を守りながら更生を目指す。本書は，非行のある少年や犯罪をした人を主人公とする「保護観察」という舞台の上で，更生に向けた筋書きのないドラマがいかにして展開されたのかを，著者が接してきた数多くの事例に基づいて述べたものである。保護観察における見立て，面接のコツから，犯罪傾向や属性から考察した立ち直りへの支援のあり方が述べられた読み物としても印象深い実践書となっている。　　　　本体2,800円＋税

書評 *BOOK REVIEW*

S・ムーリー＋A・ラベンダー［著］

鈴木伸一［監訳］

認知行動療法における治療関係
—— セラピーを効果的に展開するための基本的態度と応答技術

北大路書房・A5判並製
定価3,400円（税別）
2020年10月刊

評者＝**毛利伊吹**（上智大学総合人間科学部）

　今求められている本が，良いタイミングで出版された。そう感じる一冊である。

　認知行動療法の代表的な介入マニュアル『うつ病の認知療法』において Aaron T Beck らは，患者とセラピストとの治療関係について一つの章を割いて解説している。娘の Judith S Beck もまた自身の著作で，セラピーでは治療関係を築くことが肝要としており，その重要性が早い時期から指摘されてきたにもかかわらず，実践に携わる人の間に十分に浸透しているとはいえない。

　2004 年に神戸で行なわれた世界認知行動療法学会を機に，認知行動療法の知名度は高まり，2010 年の診療報酬改定で認知療法・認知行動療法が保険点数化され，それから 10 年余りの間に社会に広く浸透した。そして現在の課題の一つが，社会の要請に応えられる認知行動療法家の育成である。教育プログラムを整え，質の担保された専門家を育てる動きは始まっている。この教育において，理解し身につけるべき基礎の一つが治療関係である。治療関係の構築と維持はセラピーの基盤であり，治療を効果的に展開するための鍵となる。この意味でも，まるごと一冊，認知行動療法の治療関係について詳細に取り上げた本書が出版された意味は大きく，基本的な教科書としての活用が期待される。

　本書は 4 つのパートから構成され，Part1 では，治療関係の構築とその課題，そして転移と逆転移が対人関係スキーマ・ワークシートも用いて丁寧に説明されている。基本を概観するこのパートからも，実践にむけた示唆が多く得られる。Part2「特定の疾患や問題における治療関係」では，うつ病や各種不安障害など，

認知行動療法が主なターゲットとする疾患ごとに，治療関係におけるクライエントのニーズなどがまとめられている。Part3 では，若者や高齢者など「異なるクライエント集団における治療関係」が，Part4 ではグループやカップル，スーパービジョンという「支援方法の違いによる治療関係」が扱われており，治療関係をさまざまな軸から捉えることでより理解が深まる。

　セラピストの独善に陥らず，治療を効果的かつ誠実に展開するためのヒントが，惜しげなく盛り込まれていて，「（一部のクライエントには）思いやりは最初のうちは非常に恐ろしいものであるかもしれない」（第 7 章），「時には「戦うことを休ませる」ことがむしろ適切なこともあるだろう」（第 12 章）のように，さらりと書かれた一文にもハッとする。読み返すことで新たな気づきを得たり，専門家としての自身の発達段階に応じて，理解を深められる内容になっている。示される症例の記述は豊かで，セラピストとクライエントとの具体的なやり取りも，知的な理解を実践へとつなぐ役割を果たす。また，コンパクトにまとめられた臨床に役立つ「ヒント」は，後で見返して，ポイントを思い出す際の手がかりとなる。このように読み手を意識した本の作りも行き届いており，手元に備えておく図書の一つとしてお勧めできる。

ズビグニェフ・コトヴィッチ［著］

細澤 仁・筒井亮太［訳］

R.D. レインと反精神医学の道

日本評論社・A5判並製
定価3,200円（税別）
2020年6月刊

評者＝**村澤和多里**（札幌学院大学）

　いつの頃からか私の手元には Laing の『引き裂かれた自己』が 4 冊ある。たくさんの書き込みをしたもの，綺麗なまま手元に置こうと買い直したもの，職場用，そして古本屋で見かけて買わずにおれなかったものである。その他にも翻訳された著作はだいたい持っていると思う。

それほどまでに私は Laing に魅了されていた。しかし実のところしっかり読み通したのは『引き裂かれた自己』と『経験の政治学』，『狂気と家族』くらいで，他は目を通したというくらいであった。というのは著作ごとに Laing の著述スタイルや論点は変化していて，困惑してしまったからである。私にとって，Foucault が理論家として確固とした存在であったのに対して，Laing の姿はどこかおぼろげな「オーラ」に包まれていた。

本書を読んで，これまで私が Laing に感じていたオーラや困惑が解明されたように思った。明快な論旨で，翻訳も大変読みやすい。

「反精神医学」という言葉は，現役で活躍している精神科医や心理職にとっては無縁な言葉であるのかもしれない。かつて「精神医学」というシステムを根本的に批判した運動があったことなど信じられない人もいるであろう。しかし，50 年前には「反精神医学」は世界的に影響力を持っていた。日本においても 1970 年前後には大きな存在感を示し，驚くべきことに，東京大学と京都大学の精神医学教室は 1990 年代に至るまで少なからずその影響を引きずっていた。精神保健福祉制度の改定のなかで，この運動の批判点はぼやけていき，部分的には解消されていったが，その根本にある批判は現代でも通じるものである。

本書の後半で述べられているが，「反精神医学」という運動には，精神医学は診断概念を社会的に構築し人間性を疎外しているという批判と，本来的な狂気は真の意味での自己の解放に結びついているという主張が含まれている。しかし，論者によってどこに比重を置くのかが大きく異なっており，さまざまな理論や態度が，精神医学制度を批判するという一点において結びついていた。本書では，Cooper や Szasz といった中心的理論家たちと Laing の考え方の異同を明確にしてくれている。また，Sartre の哲学や，Bateson のコミュニケーション理論が Laing に与えた影響についても端的にまとめられている。本書では触れられていないフランスにおける「反精神医学」の展開についても，翻訳者の一人である筒井氏が解題で触れており，それがガイドになるであろう。

本書を読むことを通して，30 年も遅れてしまったが，Laing を追悼することができたように思う。最後に，翻訳者らに倣い，中井久夫氏の Laing への追悼文から引用しておきたい。

もし，人を，その最低点で評価するならば，レインを切り捨てることはやさしい。しかし，そのもっとも有意義な点をもって評価するならば，レインの出発した精神医療の現実は，ほぼ，われわれの出発した現実であり，私もそこから出発した。私のことはともかくとして，誰もまだレインを嘲笑できるほどには，この現実を解消していないと私は思う。

（中井久夫（1990）解説. In：R・D・レイン［中村保男訳］：レイン わが半生―精神医学への道. 岩波書店.）

細澤 仁・上田勝久［編］
実践に学ぶ30分カウンセリング
── 多職種で考える短時間臨床

日本評論社・四六判並製
定価2,000円（税別）
2020年10月刊

評者＝**岩倉 拓**（あざみ野心理オフィス）

本書は臨床現場の切実なニーズに真摯に向き合う姿勢に溢れている。読みながら，私が思い浮かべたのは臨床の最前線の現場だった。医療や教育の現場でも，30 分刻みでインターバルなく 1 日 10 人以上のクライエントと会うことを，極端な話としてではなく，よく聞くようになった。このようなフロンティアで，多くの若手や中堅の心理士が身一つで切り結んでいる現状がある。効率性に臨床が絡め取られてしまう危惧を覚えるとともに，心理士が十全な構造を選び取れるような制度を構築するという課題を，臨床心理コミュニティに突きつけてもいる。

とはいえ，日々動いている現場の限られた状況のなかで，心理的援助を立ち上げていくことは私たちの重要な仕事である。心理的な援助が「ない」のではなく，低頻度や短時間であっても「ある」ことは大きな違いであり，そこに出会いがあれば，なんらかの新しいことが産まれる可能性が生じる。

本書はこれらの現実から目を逸らさず，低頻度臨床からさらにもう一歩踏み込んで，短時間の設定，「30 分カウンセリング」に焦点を当てている。

前半では，まずは，精神分析の構造である「高頻度，50 分，自由連想」を参照し，それが脱中心化され，解体されていく。30 分という構造を見極める作業には，不文律になっていた臨床を問い直すことが不可欠

な道であり，これが極めて刺激的で未開の道を行く感覚が漂う。私たちにとって必要と感じている構造は，クライエントにとっては本当に必要なのか？ という問い直しの連続であり，例えば「高頻度・長時間であるほど侵襲的になる」とか，「会って"いない"時に作業が行われている」などは，私たちが役に立っていると思い込んでいることが図地反転され，全く別の展望が現れる体験となる。

　中盤では，低頻度・短時間の心理面接についてのさまざまな工夫が，医師・心理士・ソーシャルワーカー・看護師という多職種のマルチな視点から照らされる。30分という構造の特徴と脆弱性を摑んだ上で，直観の重要性，カウンセラーの姿勢がどう変化するのかを論じ，介入に工夫を凝らす医師・心理士編は，現場の実践にとって極めて実用的である。そして，必ずしも時間という区切りにとらわれず，生活の中に溶け込んだ会話や，社会の中での困りごとに焦点を当て，日常の相談にのる立場のソーシャルワーカーや看護師の視点も私たちの構造"幻想"を脱中心化してくれる。

　そうやって読みすすめ，「常識」がいい加減にほぐれたところで，私が目を開かれたのは，現場の社会的文脈に目を向けることの重要性だった。たとえば，第6章の学校編で上田が述べる「問題が集団もしくは体制への適応−不適応という文脈において生起する」視点は大変興味深い。学校に限らず，心理士は「個」を相手にしているのではなく，社会的文脈の中にいる「個」を相手にしている，ということを示す。この社会や「場」に注目する視点は，心理職も社会の一機能である限り，現場で「30分カウンセリング」が求められている事態そのものを考え，その組織に対して介入する，またはその組織＝社会と真の意味で連携するという視点が生じ得ることを感じた。その時30分カウンセリングは連携のハブ機能の役割を果たすのかもしれない。

　また「30分」の背景には，時間の短縮と交換的に継続性を選ぶという判断があるように感じた。これは限られた時間の中で継続性を優先する視点であり，クライエントのこころを支えるサスティナブルな関係を提供するという点から，短時間や低頻度の設定について考え直す視点が喚起された。

　そして，これらの視点は第9，10章の事例編で結実する。継続面接のエッセンスを活かしつつ，面接が行われている場を読み，場に働きかけ，主治医や学校ス

タッフとの必然的な「連携」とともに面接が織りなされていく事例描写は私の実臨床感覚の腑に落ちるものだった。限られた30分の面接がむしろ面接の外側の機能を照らし出すのだろう。

　著者たちも述べるように，短時間セッションは，理論的には未開で，これから探求し，切り開いていく分野である。リアルな臨床上の問いを理論的にも実践的にもバランスよく論究し，議論の幕を開けてくれた著者らに感謝したい。

田中新正・鶴 光代・松木 繁 ［編著］
催眠心理面接法

金剛出版・A5判並製
2020年11月刊
定価3,400円（税別）

評者＝前田重治（九州大学名誉教授）

　催眠学の大御所であった成瀬悟策先生は，生前に「催眠は，あらゆる心理療法の原点である」と語られていた。その論説が，冒頭に掲げられているのが印象深い。本書はその愛弟子や，現役の催眠のベテランたちによって，そうした考えが普遍化され，応用されている現代催眠学のテキストである。かつて催眠法に凝っていた者として，ここに現代の最先端の催眠療法について，そのエッセンスを知ることができるのは喜ばしい。

　その臨床的技法については，第Ⅰ部のとくに「6 催眠から生まれた心理療法」（鶴・松木），「7 基本技法による心理臨床スキルアップ」（田中），「8 臨床実践に向けて——その適用」（松木）がハイライトである。

　古い催眠法では，その操作者（この言葉も古い！）が相手に対して，一方的に（時には強引に）暗示のコトバを注ぎ込んでいたものであったが，今日では，そこでの体験について，相手とよく話し合うことがその特徴である。その暗示の言葉を，「どのように感じて，どんな努力をしたか」を，二人で確かめ合う。つまり，これは二人の関係性が重視されるということになる。そこで，どのような内的体験をしたのかを確認し，そこでのイメージ体験に注目するわけである。

　この部は概説なので，「スキルアップ」については，やや簡明に抽象的に描かれているため，第Ⅱ部の各種の具体的な症例報告と合わせて読まれるといいのか

もしれない。そこには，各種の治療法が詳細に述べられている。そこでは治療過程において，相手に生じてくる身体的・心理的な反応が，きめ細かに，共感的・支持的な態度で話し合われている。ケースによっては，自己治療的な行動が奨励されているのも印象的である。そうした好ましい関係のもとで，自分の用い慣れた（得意な）面接法と組み合わせて治療が進められている。これが「催眠心理面接法」であり，催眠を応用した面接法といえよう。

以前は，催眠の適用が有効なものとして，広く神経症，心身症，ある種の行動障害が挙げられていたが，8章ではとくにどんな症例に有効か，ということが具体的に考察されている。

時代とともに患者の質が複雑に変化してきているのに呼応して，精神分析技法も進化してきている。つまり，Freud時代の分析者中心の「一者心理学」から，今日の対象関係論としての「二者心理学」へと発展している。催眠の場合も，そこでは好ましい関係性（治療環境）として，「共感」や「抱え」が重んじられ，そこでの内的体験が，きめ細かく取り上げられているのと似ているように思えて興味深い。

それだけに，今日の精神分析で「精神分析らしさ」とは何かが問い直されているように，催眠でも「催眠そのもの（hypnosis per se）」が何か，と問われてくることになるのであろう。

津川律子 [著]
改訂増補
精神科臨床における心理アセスメント入門

金剛出版・四六判並製
定価2,800円（税別）
2020年8月刊

評者＝**東 斉彰**（甲子園大学）

本書はロールシャッハ法の研究，病院臨床，そして臨床心理の学会や団体での中心的役割として著名な著者による，心理アセスメント（以下，アセスメント）の入門書である。2009年に初版が出され，今回は11年ぶりの改訂増補版ということで，倫理に関する章と岩壁茂氏（お茶の水女子大学教授）との対談が追加されている。入門書と銘打っているが，本書は初学者，中堅，（評者のような）ベテランの心理臨床家までを

読者層とするような名著であると思う。評者は，この書評がその価値を伝えられるものとなることを願ってこれを書き始めている。

本書の内容を素描すると次のようになる。第1〜4章では，心理テストを施行することがそのままアセスメントではないことと，アセスメントはクライエントと支援者の関係性の上に成り立っているという，のっけから本質を衝いた論議から始まる。次いで第5〜6章では，精神分析，クライエント中心療法，ソリューション・フォーカスト・アプローチを例にとってアセスメントの多様な方法論と共通性を紹介していく。また，さらに包括的なアセスメントを目指して，折衷的心理療法であるマルチモダル・セラピーを挙げてアセスメントの全体像へと進んでいく。本書の真骨頂となる第7〜12章では，精神科臨床における心理アセスメントの6つの視点として，トリアージ，病態水準，疾患にまつわる要素，パーソナリティと発達，生活の実際を論じ，7番目としてのhere and nowの視点に収斂していく。そして付章として倫理について，最後に岩壁氏との特別対談においてアセスメントからケース・フォーミュレーションへの流れを論じて本書は幕を閉じる。

本書はアセスメントの基本と，何よりも医療現場での実践的工夫や注意点を述べていることから，初学者や実践に励む中堅の臨床家に役立つ内容となっているが，ベテラン（年寄り？）の評者にとっても強く印象に残った箇所を，紙数の関係上3点だけ紹介したい。1つは，昨今の臨床心理学の世界で重要視されているエビデンス重視の風潮への疑義である。法律家の見解も取り上げながら，事実の一回性を強調し，科学性にあらがう人間存在の学問としてのアセスメントの重要性を論じている。とりわけ医師であるOslerの，医学は「不確実性の科学」であり「蓋然性の芸術」である，という言葉を取り上げているところに感銘を受けた。2つ目に，さまざまな理論や技法を柔軟な視点から取り上げながら，アセスメントは（敷衍して心理臨床行為そのものも）関係性から成り立つものであると強調していることである。3つ目に，改訂増補版に追加された（評者もよく知る）岩壁氏との対談において，真摯にクライエントに応対する本物の臨床家同士の意見が，次第に融合していく様は圧巻であった。

最後に，恥ずかしながら評者がとらわれてしまったところを1点。マルチモダル・セラピーの実践家が日

本に存在するかどうか知らない，とのくだりがあるが，実は評者はLazarusの翻訳書を出し，臨床実践を行ない多少の論文も書いている。積極的に世に問うことをしてこなかったことを反省する次第。これを機会に「ここに実践家がいましたよ」と小さな声でお伝えしたく思う。

　最後の最後に，本書への評者の結論を出したい。この本は臨床心理実践の倫理の本である。アセスメントのテキストであることを超えて，全ての臨床心理の実践家に強く勧めたい。

ハロルド・スチュワート［著］
筒井亮太［訳］
精神分析における心的経験と技法問題

金剛出版・A5判上製
定価4,200円（税別）
2020年10月刊

評者＝加茂聡子（四谷こころのクリニック）

　ひとは，精神分析や精神分析的な心理療法を通してなぜ変わるのだろうか。転移逆転移の読解と患者への解釈が重要であるということに，わたしも疑いをもってはいない。それでも，と戸惑うことがある。この患者の変化は，精神分析を受けたわたし自身の変化は，あの日あのときあの転移解釈でもたらされたものなのだろうか？　いや，勿論転移解釈は作用しているにせよ，それが全てなのだろうか？　全てではないとしたら，この変化はどのようにもたらされたのだろうか？今回紹介する『精神分析における心的経験と技法問題』はこの戸惑いを再考する機会となった。

　本書は，イギリスの精神分析家Harold Stewartの論文集である。もう一冊の著作『バリント入門』は本作と同様，筒井亮太氏により訳出，出版済みである（金剛出版，2018）。

　Stewartは英国独立学派の一員であり，1970〜80年代に活躍した。同時代の独立学派の精神分析家にはNina Coltartが挙げられる。彼は医師であり，催眠療法を経て精神分析家への道を選択した。精神分析家の資格取得にあたって，Balintに指導を受けた。この縁が彼の臨床上の関心事に大きく影響しており，後年に『バリント入門』を編纂する動機となっていることは想像に難くない。

　本書では10の論文が理論と技法の2部に分けられて，おおむね年代順に並べられている。精神分析理論や実践に馴染んでいる読者は第1章から，あるいは関心の赴くままに読みすすめることで問題ないだろうが，これから精神分析を学ぶ，学びつつある読者には，わたしは（余計なお世話ではあるが）敢えて第2部から読むことを勧めたい。

　第2部・技法編には「心的変化をもたらすうえでの課題と問題」と副題がついている。序文や訳者あとがきでも触れられているが，Stewartは自身の臨床上の経験，面接中の彼自身の体験を繊細に観察・記述した上で理論との照合を行っている。また，技法編で扱われているテーマは，マネジメントや転移の種類，退行といった，精神分析的臨床を学びはじめた人たちにとっても身近かつ喫緊の話題がとりあげられている。

　冒頭に述べたわたし自身の「精神分析における変化をもたらしているのは転移解釈だけなのだろうか？」という問いを改めて整理してくれたのが，第10章「心的変化のための解釈とその他の作用因」であった。

　Stewartは，精神分析実践における転移関係の理解と解釈の投与が重要であることは十分に同意した上で，それ以外の要因を整理した。転移外解釈や再構成，治療的退行，行き詰まりを打破するための分析家の解釈以外の行為が臨床事例と共に列挙されている。彼の率直で繊細な臨床描写が提供されていることで，わたしたち読者も自身の体験と照らし合わせ，対話することが可能になる。

　訳語の選択を含め訳文は滑らかで読みやすい。多くの読者の手にとられることを願う。

新刊案内

Ψ金剛出版　〒112-0005　東京都文京区水道1-5-16　Tel. 03-3815-6661　Fax. 03-3818-6848
e-mail eigyo@kongoshuppan.co.jp　URL https://www.kongoshuppan.co.jp/

性の教育ユニバーサルデザイン
配慮を必要とする人への支援と対応
［著］小栗正幸　國分聡子

配慮を必要とする人へ性について，何をいつ教えるの？　その疑問に，具体的な支援方法を通して答える性の教育ガイドブック！　第Ⅰ部では，人の性体験には大きな自由度と多様性があることを，各世代の人々の語りから示す。第Ⅱ部では，配慮を必要とする人たちが持っている性に対する知識の現状を紹介し，教材を使った具体的な実践方法やQ&Aを通して解説する。第Ⅲ部では，性的逸脱行動の実際と介入・対応方法と，女性の性的逸脱行動とその対応を事例を挙げて紹介する。ダウンロードして使える付録「性の指導メソッド」等を収載。　　　　　　　　　　　　　　　　本体2,800円＋税

ソーシャルワーカー・心理師必携
対人援助職のための
アセスメント入門講義
［著］スーザン・ルーカス　［監訳］小林 茂　［訳］池田佳奈　久納明里　佐藤愛子

成人・家族・子ども・カップルの初回面接の進め方から，成育歴の聴き取り方，自傷他害のリスクアセスメント，虐待のアセスメント，心理検査の使いどころ，アセスメント結果の書き方まで，アセスメントの考え方＋進め方をていねいに解説する。限られた時間のなかでも，質問ツール「精神状態検査（MSE）」を使いながら，クライエントに役立つ的確なアセスメントをわかりやすく紹介。　　　　　　　　　　　　　　　　　　本体3,000円＋税

改訂増補 セルフヘルプ・グループと
サポート・グループ実施ガイド
始め方・続け方・終わり方
［著］高松 里

グループを始めるためには何が必要か？　グループを安全に続けるための秘訣はあるのか？　グループをどう終えるべきか？──ファシリテーターが直面するさまざまな事態に対処できるグループ実施のヒントを余すところなく紹介。セルフヘルプ・グループを始めてみたいビギナーから、サポート・グループを運営したい援助職まで、グループを始めたいすべての人に贈る、新たに生まれ変わった運営マニュアル決定版。　　　　　　　本体2,800円＋税

1. 投稿論文は，臨床心理学をはじめとする実践に関わる心理学の研究における独創的で未発表のものに限ります。基礎研究であっても臨床実践に関するものであれば投稿可能です。投稿に資格は問いません。他誌に掲載されたもの，投稿中のもの，あるいはホームページなどに収載および収載予定のものはご遠慮ください。

2. 論文は「原著論文」「理論・研究法論文」「系統的事例研究論文」「展望・レビュー論文」「資料論文」の各欄に掲載されます。「原著論文」「理論・研究法論文」「系統的事例研究論文」「展望・レビュー論文」は，原則として400字詰原稿用紙で40枚以内。「資料論文」は，20枚以内でお書きください。

3. 「原著論文」「系統的事例研究論文」「資料論文」の元となった研究は，投稿者の所属機関において倫理的承認を受け，それに基づいて研究が実施されたことを示すことが条件となります。本文においてお示しください。倫理審査に関わる委員会が所属機関にない場合，インフォームド・コンセントをはじめ，倫理的配慮について具体的に本文でお示しください。

* ★原著論文：新奇性，独創性があり，系統的な方法に基づいて実施された研究論文。問題と目的，方法，結果，考察，結論で構成される。質的研究，量的研究を問わない。
* ★理論・研究法論文：新たな臨床概念や介入法，訓練法，研究方法，論争となるトピックやテーマに関する論文。臨床事例や研究事例を提示する場合，例解が目的となり，事例の全容を示すことは必要とされない。見出しや構成や各論文によって異なるが，臨床的インプリケーションおよび研究への示唆の両方を含み，研究と実践を橋渡しするもので，着想の可能性およびその限界・課題点についても示す。
* ★系統的事例研究論文：著者の自験例の報告にとどまらず，方法の系統性と客観性，および事例の文脈について明確に示し，エビデンスとしての側面に着目した事例研究。以下の点について着目し，方法的工夫が求められる。
  * ①事例を選択した根拠が明確に示されている。
  * ②介入や支援の効果とプロセスに関して尺度を用いるなど，可能な限り客観的な指標を示す。
  * ③臨床家の記憶だけでなく，録音録画媒体などのより客観的な記録をもとに面接内容の検討を行っている，また複数のデータ源（録音，尺度，インタビュー，描画，など）を用いる，複数の研究者がデータ分析に取り組む，などのトライアンギュレーションを用いる。
  * ④データの分析において質的研究の手法などを取り入れ，その系統性を確保している。
  * ⑤介入の方針と目的，アプローチ，ケースフォーミュレーション，治療関係の持ち方など，介入とその文脈について具体的に示されている。
  * ⑥検討される理論・臨床概念が明確であり，先行研究のレビューがある。
  * ⑦事例から得られた知見の転用可能性を示すため，事例の文脈を具体的に示す。
* ★展望・レビュー論文：テーマとする事柄に関して，幅広く系統的な先行研究のレビューに基づいて論を展開し，重要な研究領域や臨床的問題を具体的に示す。
* ★資料論文：新しい知見や提案，貴重な実践の報告などを含む。

4. 「原著論文」「理論または研究方法論に関する論文」「系統的事例研究論文」「展望・レビュー論文」には，日本語（400字以内）の論文要約を入れてください。また，英語の専門家の校閲を受けた英語の論文要約（180語以内）も必要です。「資料」に論文要約は必要ありません。

5. 原則として，ワードプロセッサーを使用し，原稿の冒頭に400字詰原稿用紙に換算した枚数を明記し，必ず頁番号をつけてください。

6. 著者は5人までとし，それ以上の場合，脚注のみの表記になります。

7. 論文の第1枚目に，論文の種類，表題，著者名，所属，キーワード（5個以内），英文表題，英文著者名，英文所属，英文キーワード，および連絡先を記載してください。

8. 新かなづかい，常用漢字を用いてください。数字は算用数字を使い，年号は西暦を用いること。

9. 外国の人名，地名などの固有名詞は，原則として原語を用いてください。

10. 本文中に文献を引用した場合は，「…（Bion, 1948）…」「…（河合，1998）…」のように記述してください。1）2）のような引用番号は付さないこと。
   2名の著者による文献の場合は，引用するごとに両著者の姓を記述してください。その際，日本語文献では「・」，欧文文献では‘&’で結ぶこと。
   3名以上の著者による文献の場合は，初出時に全著者の姓を記述してください。以降は筆頭著者の姓のみを書き，他の著者は，日本語文献では「他」，欧文文献では‘et al.’とすること。

11. 文献は規定枚数に含まれます。アルファベット順に表記してください。誌名は略称を用いず表記すること。文献の記載例については当社ホームページ（https://www.kongoshuppan.co.jp/）をご覧ください。

12. 図表は，1枚ごとに作成して，挿入箇所を本文に指定してください。図表類はその大きさを本文に換算して字数に算入してください。

13. 原稿の採否は，『臨床心理学』査読委員会が決定します。また受理後，編集方針により，加筆，削除を求めることがあります。

14. 図表，写真などでカラー印刷が必要な場合は，著者負担となります。

15. 印刷組み上がり頁数が10頁を超えるものは，印刷実費を著者に負担していただきます。

16. 日本語以外で書かれた論文は受け付けません。図表も日本語で作成してください。

17. 実践的研究を実施する際に，倫理事項を遵守されるよう希望します（詳細は当社ホームページ（http://www.kongoshuppan.co.jp/）をご覧ください）。

18. 掲載後，論文のPDFファイルをお送りします。紙媒体の別刷が必要な場合は有料とします。

19. 掲載論文を電子媒体等に転載する際の二次使用権については当社が保留させていただきます。

20. 論文は，金剛出版「臨床心理学」編集部宛に電子メールにて送付してください（rinshin@kongoshuppan.co.jp）。ご不明な点は編集部までお問い合わせください。

(2017年3月10日改訂)

編集後記 Editor's Postscript

　今回の特集にあたっては、「アサーション」というテーマで、それぞれの分野の先生方から魅力的な論文をお寄せいただくことができました。特集号のネックは、「アサーション」をキーワードとして、いかに多様なテーマからの論文を、まとまりをもったものとして位置付けられるかにありました。当然ながら、提案している私の中では自ずとすべては一つにまとまっているのですが、最終的にどの程度、まとまりをもったものとして捉えていただけたかは各読者の評価に委ねられます。

　今回の特集号は私にとって初の編集担当でした。編集委員の先生方、金剛出版の藤井裕二氏からの温かいサポートの元に、無事、形にすることができ大変感謝しております。とりわけ、石垣琢麿先生には個別で原稿にコメントを頂戴するなどお力添えいただきました。実は、学部ゼミでは石垣先生のご著書を教科書として拝読していたというご縁があります。

　ご縁ということで言うと、今回のテーマである「アサーション」とは、私の卒業論文（2004年）から修士論文（2006年）、博士論文（2011年）まで一貫したテーマです。そもそも私が最初に手に取った心理学の本が、中学生のとき拝読した平木典子先生のご著書でした。平木先生は、いわずとしれた我が国にアサーションを広められた先生です。数十年の時を経て、改めて、平木先生のアイデアに敬意を込めながら挑戦し、そして同時に、新たな展開を試みる場をいただけたこの運命も、とても有り難く思います。　　　　　　　　　　　　（三田村仰）

臨床心理学 第21巻第2号（通巻122号）

発行＝2021年3月10日
定価（本体1,600円＋税）／年間購読料12,000円＋税（増刊含／送料不要）

発行所＝（株）金剛出版／発行人＝立石正信／編集人＝藤井裕二
〒112-0005　東京都文京区水道1-5-16
Tel. 03-3815-6661／Fax. 03-3818-6848／振替口座 00120-6-34848
e-mail rinshin@kongoshuppan.co.jp（編集）eigyo@kongoshuppan.co.jp（営業）
URL https://www.kongoshuppan.co.jp/

装幀＝岩瀬 聡／印刷・製本＝三協美術印刷

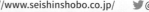

「公認心理師の基礎と実践」シリーズ　全23巻

野島一彦（九州大学名誉教授）・繁桝算男（東京大学名誉教授）監修

●数字の巻は既刊です　　各巻　価格 2,000 円〜 2,800 円（税別・予価）　　大好評！刊行開始

❶公認心理師の職責……野島一彦

❷心理学概論……繁桝算男

❸臨床心理学概論……野島一彦・岡村達也（文教大学）

❹心理学研究法……村井潤一郎（文京学院大学）・藤川 麗（駒沢女子大学）

❺心理学統計法……繁桝算男・山田剛史（岡山大学）

❻心理学実験……山口真美（中央大学）・金沢 創（日本女子大）・河原純一郎（北海道大学）

❼知覚・認知心理学……箱田裕司（京都女子大学）

❽学習・言語心理学……楠見 孝（京都大学）

❾感情・人格心理学……杉浦義典（広島大学）

❿神経・生理心理学……梅田 聡（慶応義塾大学）

⓫社会・集団・家族心理学……竹村和久（早稲田大学）

⓬発達心理学……本郷一夫（東北大学）

⓭障害者・障害児心理学……柘植雅義（筑波大学）・野口和人（東北大学）・石倉健二（兵庫教育大学）・本田秀夫（信州大学）

⓮心理的アセスメント……津川律子（日本大学）・遠藤裕乃（兵庫教育大学）

⑮心理学的支援法……大山泰宏（放送大学）

⓰健康・医療心理学……丹野義彦（東京大学）

⓱福祉心理学……中島健一（愛知学院大学）

⓲教育・学校心理学……石隈利紀（東京成徳大学）

⓳司法・犯罪心理学……岡本吉生（日本女子大学）

⓴産業・組織心理学……新田泰生（神奈川大学）

㉑人体の構造と機能及び疾病……斎藤清二（立命館大学）

㉒精神疾患とその治療……加藤隆弘・神庭重信（九州大学）

㉓関係行政論（第 2 版）……元永拓郎（帝京大学）

・公認心理師養成カリキュラムに沿った内容　・最良の編者と執筆陣をセレクト　　　・詳細は小社 HP をご覧ください

発達障害のある子どもの性・人間関係の成長と支援
関係をつくる・きずく・つなぐ

（岐阜大学）川上ちひろ著

ブックレット：子どもの心と学校臨床（2）友人や恋愛にまつわる悩みや課題。多くの当事者と周辺者の面接をもとに解き明かした 1 冊です。1,600 円，A5 並

教師・SC のための学校で役立つ保護者面接のコツ
「話力」をいかした指導・相談・カウンセリング

（SC・話力総合研究所）田村 聡著

ブックレット：子どもの心と学校臨床（3）保護者対応に悩む専門職ために臨床心理学の知見をいかした保護者面接のコツを紹介！ 1,600 円，A5 並

スクールカウンセリングの新しいパラダイム
パーソンセンタード・アプローチ，PCAGIP，オープンダイアローグ

（九州大学名誉教授・東亜大学）村山正治著

ブックレット：子どもの心と学校臨床（1）SC 事業を立ち上げた著者による飽くなき好奇心から生まれた新しい学校臨床論！ 1,600 円，A5 並

自閉女（ジヘジョ）の冒険
モンスター支援者たちとの遭遇と別れ

（自閉症当事者）森口奈緒美著

自閉症の当事者文学として衝撃を与えた『変光星』『平行線』の森口さんの自伝の最新作です。今回の『自閉女の冒険』は 30 歳前後から現在までの 20 年にわたる物語。1,800 円，四六並

自衛隊心理教官と考える 心は鍛えられるのか
レジリエンス・リカバリー・マインドフルネス

藤原俊通ほか著

この本は，自衛隊という組織で，長年心理教官として活動してきた著者らが「心の強さ」をテーマにまとめたもの。しなやかに，したたかに生きるためのヒントが詰まった一冊。2,200 円，四六並

ライフデザイン・カウンセリングの入門から実践へ
社会構成主義時代のキャリア・カウンセリング

日本キャリア開発研究センター 監修

編集：水野修次郎・平木典子・小澤康司・国重浩一 働き方が変わり新たなライフデザインの構築が求められる現代，サビカス＋社会構成主義的なキャリア支援の実践をまとめた 1 冊。2,800 円，A5 並

こころを晴らす 55 のヒント
臨床心理学者が考える 悩みの解消・ストレス対処・気分転換

竹田伸也・岩宮恵子・金子周平・竹森元彦・久持 修・進藤貴子著

臨床心理職がつづった心を大事にする方法や考え方。生きるヒントがきっと見つかるかもしれません。1,700 円，四六並

質的研究法 M-GTA 叢書 1
精神・発達・視覚障害者の就労スキルをどう開発するか──就労移行支援施設（精神・発達）および職場（視覚）での支援を探る

（筑波技術大学）竹下 浩著

就労での障害者と支援員の相互作用を M-GTA（修正版グランデッドセオリーアプローチ）で読み解く。1,600 円，A5 並

ブリーフセラピー入門
柔軟で効果的なアプローチに向けて

日本ブリーフサイコセラピー学会 編

多くの援助者が利用でき，短期間に終結し，高い効果があることを目的にしたブリーフセラピー。それを学ぶ最初の 1 冊としてこの本は最適。ちゃんと治るセラピーをはじめよう！ 2,800 円，A5 並

ひきこもり、自由に生きる
社会的成熟を育む仲間作りと支援

（和歌山大学名誉教授）宮西照夫著

40 年にわたってひきこもり回復支援に従事してきた精神科医が，その社会背景や病理，タイプを整理し，支援の実際を豊富な事例とともに語った実用的・実践的援助論。2,200 円，四六並

中釜洋子選集 家族支援の一歩
システミックアプローチと統合的心理療法

（元東京大学教授）中釜洋子著

田附あさか・大塚斉・大町知久・大西真美 編集 2012 年に急逝した心理療法家・中釜洋子。膨大な業績の中から家族支援分野の選りすぐりの論文とケースの逐語を集めた。2,800 円，A5 並

N: ナラティヴとケア

ナラティヴがキーワードの臨床・支援者向け雑誌。第 12 号：メディカル・ヒューマニティとナラティブ・メディスン（斎藤清二・岸本寛史編）年 1 刊行，1,800 円

心と社会の学術出版 tomi shobo

〒181-0002 東京都三鷹市牟礼6-24-12-004
TEL 0422-26-6711/FAX 050-3488-3894

遠見書房 https://tomishobo.com tomi@tomishobo.com

小社メールマガジンの購読をご希望の方は，mailmagazine@tomishobo.com へ空メールをお送りください

全国の主要書店・ネット書店で販売しております。

新刊案内

Ψ金剛出版　〒112-0005　東京都文京区水道1-5-16　Tel. 03-3815-6661　Fax. 03-3818-6848
e-mail eigyo@kongoshuppan.co.jp　URL https://www.kongoshuppan.co.jp/

新訂増補 子どもの心に出会うとき
心理臨床の背景と技法

[著] 村瀬嘉代子

「心理臨床で一番大切なこととは？」厳しいプロフェッショナリズム的視点をもつ，村瀬嘉代子という稀有な臨床家の思想の秘密を探る——。村瀬嘉代子の「心理臨床」は，我が国の臨床心理学において他に比較しがたい重さを持っている。本書には，心理臨床の技術的側面を考える優れた論考を収録した。卓抜な着想，迸るような臨床センスの煌めきが溢れ，このうえもなく現実的な臨床的治験が全編に亘ってちりばめられており，本書の各論考からは，仕事を通してよく生きることと学ぶこととは不可分であることが伝わってくる。　　　　　　　　　　　　　　　　　　　　　本体3,400円＋税

思春期の心の臨床 第三版
日常診療における精神療法

[著] 青木省三

著者は，時代とともに変容する家族，学校，社会のなかで，時を経ても変わらざる子どもや若者の心性に寄り添ってきた。本書には「思春期臨床は，クライエントの現実の〈人生の質・生活の質〉を向上させるものでなければならない」との思いが貫かれ，児童・思春期臨床四十余年の臨床経験が凝縮されている。第三版では，発達障害やトラウマ，チーム・アプローチや薬物療法などの10章を新たに追加，大幅な改訂増補となった。クライエント一人ひとりの個別性を尊重し，次につなげる道筋が見えてくる，心理療法面接に関する臨床的知見の宝庫といえよう。　　　　　　　　　　本体4,200円＋税

統合失調症患者の行動特性 第三版
その支援とICF

[著] 昼田源四郎

統合失調症は，決して珍しい病気ではない（生涯罹患率は0.30〜2.0パーセントである）。統合失調症者とは，どのような人たちであるのか？　彼らの人格上の特徴を統一的に把握することはできないものであろうか。統合失調症でみられる行動特性の背景には何があるのか？　本書は，初版刊行以来「統合失調症」の行動特性・症状論の名著としてロングセラーを続けている。今回（第三版）では，「〈統合失調症〉告知に関する私の考え」を新たに収録した。　　　　　　　　　　　　　　　　　　　　　　　　　本体3,600円＋税

新刊案内

Ψ金剛出版　〒112-0005　東京都文京区水道1-5-16　Tel. 03-3815-6661　Fax. 03-3818-6848
e-mail eigyo@kongoshuppan.co.jp　URL https://www.kongoshuppan.co.jp/

コンパッション・マインド・ワークブック
あるがままの自分になるためのガイドブック

[著] クリス・アイロン　エレイン・バーモント
[訳] 石村郁夫　山藤奈穂子

人生で何度も出くわす苦しくつらい局面をうまく乗り越えていけるように，自分と他者へのコンパッションを育てる方法について書かれたもので，コンパッション訓練の8つのセクションから構成されている。コンパッションが必要な理由，コンパッションの心を育てるときに大切な3つの「流れ」，注意と意識のスキル，「コンパッションに満ちた自己」のエクササイズ，コンパッションの力の強化，コンパッション・マインドの表現，生活のなかでのスキルの活用，コンパッションの維持を学ぶことができる。　本体3,600円＋税

親子で成長!
気になる子どものSST実践ガイド

[監修] 山本淳一　作田亮一
[著] 岡島純子　中村美奈子　加藤典子

「なかまプログラム」は，子どもにはソーシャルスキル・トレーニング（SST），保護者にはペアレント・トレーニングを実施する，短期集中型プログラムとして実践されてきた。本書では「なかまプログラム」の基本フォーマットを活かしながら，SSTのベースとなる応用行動分析（ABA）を丁寧に解説し，4人の登場人物（コダワリくん・ベタオドくん・グイオシちゃん・スルーくん）への支援をモデルに，子どもの気づきを促し行動を変容していくスキルをスモールステップで身につけていく。　本体2,600円＋税

学校コミュニティへの
緊急支援の手引き 第3版

[編] 福岡県臨床心理士会　[編著] 窪田由紀

2005年に刊行された『学校コミュニティへの緊急支援の手引き』に，その後の社会の変化やその間蓄積してきた支援実績，研究成果を基に改訂を加えた2017年刊行の第2版に次ぐ本書は，感染症の世界的大流行という危機について，現在進行形ながらその特性と支援の実際について可能な範囲で加筆するとともに，スクールカウンセラーの担い手の多様化を踏まえた修正を行った第3版である。改訂にあたっては，配布資料やアンケートを直ちに活用できるよう，ダウンロード可能な形で提供している。　本体3,800円＋税

好評既刊

Ψ金剛出版

〒112-0005　東京都文京区水道1-5-16　Tel. 03-3815-6661　Fax. 03-3818-6848
e-mail eigyo@kongoshuppan.co.jp　URL https://www.kongoshuppan.co.jp/

トラウマにふれる
心的外傷の身体論的転回
[著]宮地尚子

心は震え，身体はささやき，そして人は生きていく。
薬物依存，摂食障害，解離性同一性障害，女性への性暴力，男児への性虐待
をはじめとした臨床現場の経験知から，中井久夫，エイミー・ベンダー，島
尾ミホ・敏雄との対話からなる人文知へ。傷を語ることは，そして傷に触れ
ることはできるのか？　問われる治療者のポジショナリティとはいかなるも
のか？　傷ついた心と身体はどのように連動しているのか？──傷ついた心
と癒されゆく身体，その波打ち際でトラウマと向き合う精神科医の，思索の
軌跡と実践の道標。　　　　　　　　　　　　　　　　　　本体3,400円＋税

ASDに気づいてケアするCBT
ACAT実践ガイド
[著]大島郁葉　桑原斉

「ASD（自閉スペクトラム症）をもつクライエントへのセラピーをどう進め
たらいい？」「親子面接を上手に進めるには？」「ASDをもつクライエントに
CBT（認知行動療法）はどこまで有効？」──よくある疑問と誤解に終止
符を！　ACAT（ASDに気づいてケアするプログラム）は，ASDのケアに
特化したCBT実践プログラムとして研究・開発されたプログラム。ASDと
診断された子どもと保護者がプログラムに参加して，セラピストのガイドで
「自分が変わる」パートと「環境を変える」パートを整理しながら，正しい
理解とそれを実現するための方法を探る。　　　　　　　　本体2,800円＋税

不自由な脳
高次脳機能障害当事者に必要な支援
[著]鈴木大介　山口加代子
[編集協力]一般社団法人 日本臨床心理士会

高次脳機能障害の当事者と臨床心理士による対談を，日本臨床心理士会の協
力を得て書籍化。中途で障害を負うということについて語り，支援の在り方
を問う。日々の生活において症状がどのような現れ方をするのかが当事者感
覚をもって具体的に語られ，さまざまなエピソードには，神経心理学の視点
からの解説も加えられる。目に見えない障害とも言われる高次脳機能障害の
症状と，そこから生じる日々の生活上の困り感や心理的反応について，周囲
の人が理解する手助けとなるよう構成されている。　　　　本体2,400円＋税

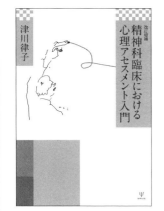

好評既刊

Ψ金剛出版　〒112-0005　東京都文京区水道1-5-16　Tel. 03-3815-6661　Fax. 03-3818-6848
e-mail eigyo@kongoshuppan.co.jp　URL https://www.kongoshuppan.co.jp/

認知行動療法実践のコツ
臨床家（あなた）の治療パフォーマンスをあげるための技術（アート）

[著] 原井宏明

今や，多くの精神疾患の治療について認知行動療法（CBT）のエビデンスがあり，メジャーな精神疾患の治療ガイドラインでCBTをファーストラインの治療法として取り上げていないものはまずない。エビデンスという点でCBTは勝ち組と言えるが，勝ったと言えるためには病気に勝ったという結果も必要だろう。エクスポージャー，動機づけ面接，ACTといったCBTの各技法の実践のコツを，著者の臨床の知から具体的にわかりやすく解説。症例検討編や，うつ病，不安症，薬物依存などの各疾患ごとの治療についても語る，CBTの名手による実践的著作集。　　　　　本体3,400円＋税

離婚と面会交流
子どもに寄りそう制度と支援

[編著] 小田切紀子　町田隆司

両親が離婚した後も，子どもにとって守られた環境の中，双方の親と良好な関係を保ち，愛情を受けることが子どもの成長の糧となる。一方で，現実には，高葛藤，DV，虐待，再婚などの課題を抱え，支援を必要としている家庭も多い。子どもにとって望ましい面会交流のために必要な支援，制度，そして社会が共有すべき考え方はどのようなものであろうか。本書では，臨床心理学・法学・社会学など多様な分野から，そして家裁調査官・弁護士・国際司法・ADR・支援団体など多様な立場から，子どもに寄りそう制度と支援に向けた現状と提言を集めた。　　　　　本体3,200円＋税

子どもを虐待から守る科学
アセスメントとケアのエビデンス

[編] 原田隆之
[著] 堀口康太　田附あえか　原田隆之

児童虐待に対応する支援者には自らの実践のエビデンスを追求する必要がある。児童虐待の基本データ，児童相談所をはじめとする機関の役割とそれを支える法制度，児童虐待のリスクファクターとリスクアセスメントをめぐる論争，段階に沿った効果的な介入，虐待が子どもの成長に及ぼす影響，児童福祉施設に入所した子どもへの効果的なケア。それぞれの検討を通して本書が提示するのは，データをもとに支援者が自らの実践の根拠を携えるための「児童虐待と闘う科学」である。　　　　　本体2,600円＋税

好評既刊

Ψ金剛出版　〒112-0005　東京都文京区水道1-5-16　Tel. 03-3815-6661　Fax. 03-3818-6848
e-mail eigyo@kongoshuppan.co.jp　URL https://www.kongoshuppan.co.jp/

ケースで学ぶ
行動分析学による問題解決

[編]日本行動分析学会
[責任編集]山本淳一　武藤崇　鎌倉やよい

すべての問題の元凶である「個人と環境との相互作用」を介入しながら変えていき，行動の変化をモニターしながら介入を繰り返す，行動分析学の問題解決テクニックをわかりやすく解説する。子育て支援，保育，教育，発達障害，心理臨床，心身医学，非行，リハビリテーション，看護，高齢者支援など，さまざまなヒューマンサービス領域での行動分析学の「使い勝手」がよくわかる，ケースで理解する行動分析学の問題解決法！

本体3,600円＋税

保護者と先生のための
応用行動分析入門ハンドブック
子どもの行動を「ありのまま観る」ために

[監修]井上雅彦　[著]三田地真実　岡村章司

子どもを，先入観なく客観的に観ていくことはとても難しい。本書で解説する応用行動分析を活用することで，その子の気になるところや悪い部分ばかりでなく，「良いところ」「きちんと行動できている部分」に目が向けられるようになる。すぐにすべてができなくても，1つずつステップを続けていけば，子どもの良い面をさらに延ばしていくことができるだろう。子どもの気になる行動に困っている教師・親御さんにお勧めの一冊。　本体2,600円＋税

子どもの視点でポジティブに考える
問題行動解決支援ハンドブック

[著]ロバート・E.オニール　リチャード・W.アルビン　キース・ストーレイ
ロバート・H.ホーナー　ジェフリー・R.スプラギュー
[監訳]三田地真実　神山努　[訳]岡村章司　原口英之

本書では，問題行動の機能的アセスメント，また問題行動を起こしている子どもたちへの個別化したポジティブな行動介入・支援計画を立てる際に，必要な情報を集める手段としての記録用紙の使い方や手続きについて解説する。問題行動を起こしている人たちが，いまよりも過ごしやすい環境となるような手助けを考えていこう。そうすることは，社会的インクルージョン・地域社会の活性にもつながっていく。　本体3,200円＋税